新潮新書

石神賢介
ISHIGAMI Kensuke

婚活したらすごかった

430

新潮社

婚活したらすごかった●目次

序章　誰かと生きていきたい

突然、結婚したくなった

長い間、「もう結婚することもないだろう」と思っていた。

ところが、夏のある朝、目が覚めたら、結婚を意識した。

四十歳を少し回った頃だ。

理由は自分でもわからない。寂しかったのかもしれないし、逆に前向きな気持ちだったのかもしれない。子どもの頃から、気温が高くなってくると元気になる。食欲がわき、性欲もわく。いいオヤジが、第二の思春期でもあるまいが、周期なのかもしれない。

とにかく、あの日、「もし自分にもチャンスが残されているならば人生を誰かと手を携《たずさ》えていきたい」と考えた。

この本の内容は、あの結婚願望が生まれた朝から始まったさまざまなトライアルであり、そこから生まれた好奇心によって重ねてきた取材によるものだ。つまり、実体験と徹底した取材をもとに書いた婚活の実用書であり実録書だ。インターネット婚活、婚活パーティーなど、あらゆるツールでの婚活現場で体験を重ね、取材を重ねている。

ネットやパーティーを利用して出会い、話を聞いた女性は、百人を超えると思う。たくさんの女性とご飯を食べたり、お茶やお酒を飲んだりした。あんなことも、こんなこともした。かなりひどい目にもあっている。強い印象を残した人もいれば、名前も顔も思い出せない人もいる。タイプはさまざまではあるものの、出会った女性たちはみな実に現実的だった。

同時に、男性の生態も探った。そのためには、私と同じように必死に婚活を行う女性の友人たちの力を借りた。男性は、欲望丸出しだったり、積極性ゼロだったり。二極分化が進んでいる印象を受けた。

二〇一〇年あたりからだろうか、五十歳未満の男性の約八割が年収四百万円未満だといわれている。結婚をしても、夫の収入だけでは子どもを育てるのが難しい時代が訪れた。夫婦二人で毎日働いてやっと子ども一人を育てられる、というのが日本の現状だ。

家族をつくることに夢を持ちづらくなり、男性も女性も、結婚願望はありながらも、よほど魅力を感じる相手でない限りは結婚に踏み切らない。

では、今、魅力を感じる相手と出会うにはどうすればいいのか？

婚活の現場はどんなシステムになっているのか？

婚活の現場にはどんな男女がいるのか？
どんな男女が求められているのか？
逆に、どんな男女が避けられるのか？
この本にはたっぷりと情報がつまっているはずだ。

イケメンでなく、お金もない立場での挑戦

さて、本の性質上、体験者であり、取材者である著者のスペックをざっくりと書いておこう。

まず容姿は、不本意ながら、十代以降褒められたことはない。身長は百六十センチ強。体重は七十キロ弱。頭は大きく、足は短い。ウエストのサイズは七十五センチで、頭が大きくて、重心が低いせいか、小太りに見られる。

お笑いタレント、次長課長の河本準一さんや、雨上がり決死隊の蛍原《ほとはら》徹さんをイメージしてもらえばいいかもしれない。

仕事はフリーランスの著述業なので、経済的には不安定だ。本を何冊かは出している

ものの、印税で生活できるような身分ではない。当然、貯蓄はほとんどない。病気をしたら、人生は実質的に終わる。だから、ときどきたまらなく不安になる。

性格はよくない。社会人として仕事の場では温和を装っているものの、親しくなった人には意地の悪さを見破られる。

心の中で、私はいつも意地悪なことを考えている。意地悪なことが次々と頭に思い浮かび、それを、口にしない、行動に移さないことに神経をつかって暮らしている。

そんな内面は言動や表情に表れるのだろう。身内をはじめ私をよく知る人間からは、偏屈な男だといわれている。

大卒だが、二年も浪人し、さらに二次募集まで追いつめられ、東京郊外の三流私立大学の文系の学部にひろわれた。

結婚経験は三十代で一度。そして、一年ほどで離婚している。

ただし、四十年以上も生きてきているわけだから、一般的なアベレージよりもましだと自覚できることもあるにはある。それは、人との会話に抵抗がないことだ。

フリーランスの著述業という仕事柄、取材と称してさまざまな分野の人と接するのが日常だ。つまり、初対面の人との会話はまったく苦にならない。まるで古くからの友人であるかのようにコミュニケーションをとることはできる。

そして、一番の強みと自負しているのは、相手の話を聞く力だ。つまらない内容でも、集中力を切らさずにかなり忍耐強く聞くことができる。そして、相手に不快感を与えないタイミングでうなずいたり、相槌《あいづち》を打ったりできる。

その程度のことで、婚活ができるのか。そう思う方はこの先を読んでみていただきたい。少なくとも「ある程度うまくいく」というのが実感である。

ルックス、経済的に恵まれない私が、仕事の場で身につけた〝聞く能力〟を最大限にいかして婚活に挑戦してみたらどうなったのか。本書はその記録でもある。

なお、プライバシーの問題があるので、この本の登場人物はすべて仮名であるということ、どうかご理解いただきたい。

第1章　気がつけば彼女は四つん這いだった

ネット婚活編

残るバブル期の香り

サイトのトップ画面の「新しく写真を掲載した会員」の表示をクリックすると、女性会員の顔写真が縦にずらりと並んだ。

タレント事務所やモデル事務所のカタログをながめている気にもなり、ワクワクしてくる。しかし、もちろんモデルのようにきれいな女性はまれだ。

写真の横には年齢や住んでいる都道府県名が表示されていた。それぞれの顔はにっこりと笑っていたり、穏やかな表情でこちらを見つめていたり。

そんな画面上の女性の顔写真をクリックすると、プロフィールを読むことができる。

〈素敵な関係を築ける男性と出会いたいな〉

〈ドキドキしていますが、お話しできること、楽しみにしています〉

〈生涯ともに歩くソウルメイトを探しています〉

どのプロフィールにも本人による前向きなキャッチコピーが書かれている。このサイトの会員になれば女性を好きなだけ選べるような妙な期待感がわく。しかし、もちろん、相手側にも好みがあり、意思はある。

キャッチコピーの下の自己PRや男性への希望欄には、求めている男性の条件が書かれていた。さっそく写真画面の中でも特に目立つ華やかな雰囲気を持つ女性のページを読んだ。

〈どんなことにも寛大な心で接してくれるような尊敬できる男性と出会いたいです〉

〈時間にもお金にもせこくない方が希望です〉

まあ、何を書こうが本人の自由だ。

「そんな男、多くはないだろうなあ」

独り言がこぼれる。

さらにはこんな記述も——。

〈海外旅行が好きなので、一年に三回は連れて行ってくださる方〉

〈日常の行動がクルマの方が希望です。公共交通機関は得意ではありません〉

「えー！」

今度は画面の前で大声を上げてしまった。一九八〇年代後半のバブル期と勘違いしているのではないか。二〇一〇年代にそんな暮らしをしている男など、婚活サイトに登録しているわけがない。

写真が並ぶ画面に戻り、次にやや地味な雰囲気の女性のプロフィール画面も開いていく。

〈笑顔を大切にしています〉

〈楽しいことも、つらいことも、手を携えて生きていきたいです〉

ごく常識的な記述もあるとわかり、安堵した。

出会う前から相手に多くを求めない感覚の人と話がしたい、と思った。

プロフィール全体をざっくりと見ると、容姿に自信がある女性が希望する条件は厳しく、ふつうの女性は希望も常識的だ。それぞれ身の丈に合っていると思う相手を求めるのだろう。

自分をいかに客観視できるか。俯瞰《ふかん》して見ることができるか。それが大切だと思った。

「身のほどを知らないと、人として恥ずかしいことになるぞ」

自分にいいきかせた。実際よりも自己評価が高いことが最もみっともない。それが、女性のプロフィール画面をながめていてよくわかった。

こうして私のネット婚活がスタートした。そして、すぐに、サイトの中にさまざまな女性が存在することを知る。

Mの客室乗務員

「オレ、なんでこんなこと、やってんだ？」

ミキさんの髪の毛をわしづかみにして、部屋の中を引きずりまわしながら、頭の中はすっかりさめていた。

「ひぃー、ひぃー」

Mのミキさんは四つん這いで引きずられながら喜びの声を上げている。

何が嬉しいのか、どこが気持ちいいのか。こちらはノーマルなのでさっぱりわからない。

「エンヤートットー！　エンヤートットー！」

頭の中で気合を入れる。

その行為の意味はなるべく考えないようにして、ただ彼女に指示されるまま、力任せに引きずりまわす。

日曜日の深夜。東京のＪＲ線Ｋ駅近くのラヴホテル。ミキさんは素っ裸。こちらも素っ裸。さっきまでやる気満々に屹立《きつりつ》していたものは、すっかり萎えている。欲情はしぼみ、今の自分がおかれている状況を思うと、笑うしかない。しかし、表情がほころびかけると、そのときだけミキさんは我にかえり、四つん這いのまま下からにらみつける。

「ちょっとおー、真剣にやってよねえー！」

Ｍだといいながら、口調はＳだ。体質はＭで、心はＳなのか。彼女の内部のしくみは、特殊なセックスを体験したことがない自分には理解が難しい。

男の脳は女の知性に発情する

「ミキちゃんさあ、今日、してもいいよ」

その言葉を聞いたとき、彼女が何をいっているのか、すぐには理解できなかった。

「だからさあ、ミキちゃんは、ホテルに行って、エッチしてもいいよって、いってるわけ」

タクシーの後部座席。かたわらでくつろぐ彼女の表情をうかがうと、上目づかいでこちらを見つめている。からかっているのだろうか――。

彼女のしゃべり方はバカ娘のそれだが、そんなわけでもない。レストランで、さっきまで文学や映画の話をしていたばかりだ。ミキさんは本をよく読んでいたし、映画や音楽などカルチャー系にも詳しかった。それに、職業は日本の航空会社の国際線の客室乗務員。日本語のほかに、英語とイタリア語をあやつるし、こちらよりはるかに偏差値の高い大学を卒業している。

その女がセックスをしようといい出したのだ。私は知性を感じさせる女性に弱い。おそらく多くの男は女性の知性に弱いのではないだろうか。テレビ局の女子アナウンサーがグラビアタレントよりもモテるのは、そのあたりに理由があるのだと思う。

「ホントに、エッチ、いいの？」

「うん。いいよ。まさか今日、ミキちゃんとできると思ってなかったでしょ？」

「うん……」

不覚にも、下半身が熱を帯びてきた。

「したいでしょ？」

「うん」

答えたとき、間違いなく、だらしない表情になっていたと思う。

美人局ではないのか？

ミキさんとは、大手インターネット企業A社が運営する婚活サイトで出会った。一か月数千円の会費で登録して、プロフィールを掲載。それを閲覧して、ネットを通して交際を申し込んだり、申し込まれたりするシステムだ。そのサイトを通して何人もの女性と出会ったが、中でも最も強烈に印象に残っているのがミキさんだった。

彼女からは、とある週末の午後、メッセージが届いた。

〈プロフィールを拝見して、お話ししてみたいな、と思いました。文章を書く男性にとても興味があります。よかったら、お返事ください〉

シンプルでていねいな文面だった。

このサイトでは、申し込みがあると、サイト画面のトップページに、「新着1件」と黄色い「NEW！」というサインが表示される。それを発見するとワクワクする。

しかし、その時点では、申し込みが幸せへの道なのかどうかはわからない。相手が自分の好きなタイプの女性とは限らないからだ。むしろ、そうでないケースのほうが多い。遠方から申し込んでくる女性もけっこういる。新幹線や飛行機に乗らなくてはデートができない土地に住む女性との交際は現実的ではない。

さっそくプロフィールを確認した。年齢は五歳下の三十五歳。「東京在住」とある。職業は「客室乗務員」だ。

「〝スチュワーデス〟だ！」

気持ちは一気に上がる。実名は表記されていないが、写真は掲載されている。目鼻がくっきりして、笑顔がかわいい。

「ヤッタ！」

画面の前で感嘆の声を上げ、こぶしを握りしめた。

すぐに画面にある「ＹＥＳ」の表示をクリックした。すると、相手にも、自分にも、双方の実名とメールアドレスが表示されるのだ。その後は、サイトを通さずに、直接やりとりが行える。

彼女の対応は早かった。

〈よろしければ、すぐにでもお会いしませんか？　メールでは、何度やりとりをしても、おたがいのことはなかなかわからないと思うので。　ミキ〉

「ミキ」という実名を知るあたりから現実感は増してくる。

その文面とともに、携帯電話の番号とアドレスも送信されてきた。

「こんなにかんたんに電話番号を教えちゃっていいのかな？」

不思議に思いながらも、さっそく電話をする。

「たくさんの男性が登録しているのに、僕を見つけて、申し込んでくださって、ありがとうございます。嬉しいです。僕もミキさんにお目にかかりたい。いつならばご都合がつきますか？」

高揚して一気にしゃべり、舌を嚙みそうになる。

「そうねえ、よかったら今日これから会いませんか？　どんな人なのか、会って話さないと、わからないでしょ？」

彼女は積極的だった。幸運にも家も近い。同じ路線の二つ都心寄りの駅の近くに住んでいた。

すぐに話はまとまり、青山のイタリアンを予約した。

こんなにうまく話がまとまることなんてあるのだろうか？

再び疑問がわく。美人局《つつもたせ》じゃないのか？　高価なバッグや服をねだられるのではないだろうか？　頭の中でさまざまな不安が渦巻いた。

しかし、躊躇《ちゅうちょ》していては何も始まらない。消極的な姿勢では幸せはつかめない。そもそも実際に女性と会うために、このサイトに登録したんじゃなかったのか。頭の中に浮かんだ不安を無理矢理打ち消した。

レストランでの会話ははずんだ。実物のミキさんは明るく、しかも身なりが上品だった。ジャケットの下の白いブラウスが清楚なイメージをあたえる。私は中学生の頃から、白のブラウスにはめっぽう弱い。夏、学校で前の席の女の子の汗ばんだブラウスにうっすらと透けるブラジャーのひもにドキドキした記憶が今も頭の中に鮮明に残っている。

彼女とはすぐに打ち解け、会話は自然に敬語ではなくなった。昔からよく知っている女友達と話すようだ。

自分のことを「ミキちゃん」と呼ぶのはちょっとバカっぽいけれど、かわいいといえば、かわいいような気もした。こちらを呼ぶときは、名字で「石神君」だ。ミキさんはエッチな話も積極的にしてきたが、上品な容姿とのギャップで、はすっぱな口調も魅力に感じられた。

男はギャップに弱い。清楚な女性が実は淫乱だと興奮する。逆にはすっぱな印象を持っていた女性に知性を感じると、そちらにもドキッとする。

そんなミキさんのお上品とお下品のバランスがお下品方向へ傾き始めたのは、帰りのタクシーの中でのことだ。同じサイトを使ってほかの男性に会ったかどうかたずねると、嬉しそうにうなずいた。

「けっこう会ったよ。十人くらいかな。だけど、実際に会ってみると、ミキちゃんと合う人はいなかったんだよねえ。残念ながら。でも、まあ……男女の関係はいろいろ試してみないとわからないから、半分くらいの人とは、二度、三度会ったよ。そのうち、ミキちゃんにブスッと刺した男は三人かな」

「えっ、ブスッと刺したって?」

「だからさあ、あそこにブスッと刺されちゃったって、こ、と」

どうやら、三人と関係したらしい。あまりにもはっきりというから潔くも感じたが、「ブスッ」といういい方はどんなものか。

そして、彼女は自分の家の近く、K駅が見えてきたころ、突然「ホテルに行こう」といい出したのだ。
「ミキちゃんさあ、石神君のこと、ちょっといいなー、付き合ってみたいなー、と思ってるワケ。だから、してみようよ。体、合うかもしれないでしょ？　私たち、今日知り合ったばかりだけどさ、これから、何度かご飯を食べて、手をつないで、キスして、それからエッチして結婚も考えちゃったりするのがふつうかもしれないけれど、もし体の相性が合わなかったら、プロセスに使った時間がもったいないじゃない？　二十代の頃ならばいいけれど、三十代後半に入ろうとするミキちゃんに余裕はないんだよねえ。だからさあ、試してみようよ」
いっていることは理にはかなっている。でも、そんなことを提案する女性に会ったことはなかった。

ブスッと刺して！

都心のシティホテルに向かおうとするのを制して、「ラヴホテルがいい」と主張したのはミキさんだ。

「私、住宅街のエローいラヴホが好きなんだよねえ。あの、道を行く人の目を気にしながら、するためだけに入るドキドキがたまらないのお。パネル写真で部屋を選ぶときなんて、腿《もも》と腿の間がシトシトしちゃう。どう、ミキちゃんって、いい女だと思わない？」

彼女がMであることを宣言したのは部屋に入ってからだ。

「ミキちゃんさあ、実はあ、優しくされるよりも、乱暴に扱われるほうが好きなんだ。そのほうがたくさん感じるんだよね」

ていねいにていねいに服を脱がせているこちらの気づかいが無駄な努力であることを思い知らされた。

「だからあ、まずはね、部屋の中を引きずりまわしてよ」

そんなわけで、甘い行為をするはずが、いきなり「エンヤートットー！　エンヤートットー！」の大肉体労働になったのである。

部屋中引きずりまわした後、汗で光るミキさんの体をベッドに放り投げると、新たな指令が下る。

「次はねえ、言葉で責めてくれない？」

言葉責めだと？　そんな要求をされるのは初めてだ。

「何ていえばいいの？」

「ええー！　言葉責めもやったことないのおー！」

「この薄汚いメスブタめが！　とか？」

「はあ……？　石神君、創造力ゼロだね。この麗しいミキちゃんのこと、メスブタとかさあ、勘弁してよね」

「ごめん……」

「一度だけお手本をやってあげるから、覚えてよ。いい？　一度しかやらないからね」

「はあ……」

彼女はいきなり声色を変えた。

「お前はオレのこの大きいのが欲しいんだろ！　欲しいならば、してください、ってお願いしてみろよ」

表情は険しい。

「オレの、そんなに大きくないんだけど」

「いいんだってば！　いちいち、そんなことは。はい、やって！」

さっそく言葉責めをしてみるが、そんな台詞、笑わずにはいえない。ミキさんには何度もダメ出しをされた。それでも、彼女のあそこは、シトシトに潤ってくる。

「欲しいの？」

「欲しいいー！　来てー！　お願い、来てえー！　刺してえー！　してください！　ミキちゃんにブスッと刺してください！」

しかし、肝心のこちらのものは、ずいぶん前から、ダラリと下を向いたままだ。

そのダラリを視界にとらえたミキさんは、露骨に失望の表情をした。

「ああ……、どうしてそんなにやる気ナシなの？　ちょっと情けなくない？　ほんとうならばお口で何とかしてあげたいところだけど」

「あっ、それ、してほしいんだけど」

「うーん……、でも、悪いけど、ミキちゃん、お口でするのは、お盆とお正月だけって、二十歳前から決めてるの。ごめんね。だから、手でしてあげるから、自分の創造力でなんとかして」

しかたがない。頭の中でありとあらゆるスケベな想像をし、それまでに体験した数少ない甘い夜を思い出し、ようやくコトを終える。

ホテルの外に出た時には、夜は白々と明けていた。

「オレ、失格だね」

「まあねえ、合格とはいえないかな。石神君のエッチ、なんというかさ、空から天使がヒラヒラヒラッて降りてくるような感じなんだよね。それで喜ぶコもいるかもしれないけど、ミキちゃんにはモノ足りないかな。どう？　もう一度チャンスをあげたら、うまくやれそう？」

「難しいと思う」

「……だよね。じゃあ、おたがいまた違う相手をさがすしかないかな」

「そうだね……。また自分に合う相手が見つけられるように、頑張ろうよ」

握手を交わす。

「さっきのホテルってさあ、電車の窓から見えるんだよ。だから、ここを通る度にミキちゃんのこと、思い出しちゃうよ」

にっこりと微笑みかけてきた。ほんの数時間前に言葉責めを要求した女とは別人のようにかわいい笑顔だ。

「思い出しちゃうかな？」

「うん。絶対に思い出すよ。そのとき、きっと思うよ。ミキちゃん、いい女だったなあ、惜しいことしたなあ、って。じゃ、元気でね」

彼女とはその一度きりだった。

その後も、電車でK駅を通過すると、あの気が狂ったような夜を思い出す。

婚活には、ネットや、パーティーや、結婚情報サービスなど、さまざまなツールがあるが、そこにはさまざまなタイプの女性がいることが身にしみてわかった。

プライドが傷つかないのがメリット

ネット婚活は、インターネットのサイトを通して男女が知り合うサービスだ。サイト上にプロフィールを掲載し、連絡もサイトを経由して行う。

つまり、最初はおたがいの直接の連絡先はわからない。パソコンを通して会話を交わし、男女両者が「もっと仲よくなりたい」と思った段階で、実名とメールアドレスを教え合う。そこから先、直接メールを送信したり、電話で話したり、会ったりは、本人たちの自由。当事者の大人の判断で行っていく。

このサービスは、忙しい男女に向いている。活動の時間を選ばないからだ。深夜でも、あるいは早朝でも、自分の好きな時間にパソコンと向き合えば、相手を探しアプローチすることができる。

私はいろいろと検討し、大手を一つ、中堅を一つ、婚活パーティーをメインにしている会社がおまけでやっているサイトを一つ、計三つに入会した。

前者二つは、入会金や月会費を、ネットを通してカード決済で支払うシステム。もう一つは入会金も会費も不要で、その代わりに気になる相手にメッセージを送信する度に数百円のコストがかかる。支払いにはあらかじめポイントを購入する。

実はさらにもう一つ、フェイスブックの婚活アプリケーションにも登録をしたが、こちらは国内よりも外国人との出会いが主流だったので、第４章で触れたいと思う。

婚活サイトはどこも人間と会話をせずに申し込みができるので、ネットショッピングで本や雑貨を購入するときと近い感覚で申し込める。

たとえば後述する婚活パーティーは、初めて申し込みの電話をかけるときにかなりの勇気がいる。

「ああ、これでオレもついにもてない男の仲間入り決定だなあ」

しみじみ感じ、プライドをすり減らす。その点、ネット婚活は心の負担が少ない。

独身証明書を知っていますか？

ここでは、入会した三つのサイトの中でも最もシステムがきちんとしていると感じた大手婚活サイトを運営するA社を中心に話を進めていこう。ミキさんと出会ったのもここだった。

まずは入会手続きだが、画面の指示にしたがって、入会金と月会費計数千円を支払う。すると登録が完了する。実にかんたんだ。

登録をすると、まず証明書の提出が求められる。本人証明、住所証明、勤務先証明、年収証明、卒業証明、独身証明の六つだ。

このうち提出が義務づけられるのは、自分が実在することや年齢や性別に詐称がないことを示す本人証明である。これは、運転免許証やパスポートの写しをファックスで送る。もしくは、デジタルカメラで撮影かスキャンして添付ファイルで送信すればいい。

私はパスポートの写しをスキャンし、添付ファイルで送信する方法を選んだ。選択肢の中では一番画像が鮮明だと思ったからだ。認証には数日かかるとのことだったが、その日は入会者が少なかったのだろうか、翌日には認証のレスポンスが届いた。この時点で、自分のプロフィールがサイトに掲載になり、ネット婚活がスタートする。

本人証明以外の五つの証明書の提出は任意だ。しかし、もちろん、提出する書類が多ければ、それだけ信用度が増す。学歴も、勤務先も、年収も、独身か否かも、ごまかせるからだ。これらの提出は、住所証明は住民票、勤務先証明書は社員証、卒業証明書は出身校から取り寄せ、本人証明と同じ方法で行う。

提出が最もためらわれるのは年収証明だろう。源泉徴収票の写しを提出するわけだが、そんな個人情報をネット婚活会社の見知らぬスタッフに見せたくはない。デジタルの通信ツールの向こうにどんな人たちがいるのかわからないからだ。

独身証明書は、この世にそんなものが存在することを、婚活によって初めて知った。自分が住んでいる地域の役所に行くと、発行してくれるらしい。結婚相談所、つまり結婚情報サービスに入会する際には、この書類の提出が必須だという。

私は、結局、本人証明のほかは卒業証明書だけを提出した。住民票や独身証明書は面倒だったし、源泉徴収票は見せたくなかった。社員証は、自営業なので持っていない。

卒業証明書は、出身校に手配するのは面倒だったが、箪笥《たんす》の引出しに、筒に収まった卒業証書があったので、それをデジカメで撮影して送ったら、認めてくれた。スキャンしようと思ったが、卒業証書はうちのスキャナーよりサイズが大きかった。

ネット婚活は〝信用取引〟

本人証明が認証されると同時に、サイトにプロフィールがアップされた。かなり恥ずかしい。

A社の婚活サイトの画面では、基本プロフィールと詳細プロフィールにページが分かれている。実名や勤め先や詳しい住所など個人が特定できるデータは掲載されないが、知り合いが見ればわかってしまうだろう。

婚活サイトのプロフィールのページは、男性は女性の、女性は男性の画面しか閲覧できない。つまり、自分以外にどんな同性がいるかはわからない。私のプロフィールは、基本的には女性だけが閲覧できる。

基本プロフィールの項目は、年齢、血液型、星座、身長、体重、体型、住んでいる都道府県、出身地、職業、年収、学歴、婚姻歴、子どもの有無、飲酒、喫煙、自己ＰＲ、相手への希望など。この中で、年齢や住まいの都道府県や、なぜか体型などが必須記入項目だ。そのほかは任意になるが、記入事項が多ければそれだけ信用度は増すだろう。

詳細プロフィールの記入はすべて任意。内容は、趣味、好きな食べ物、ギャンブルをするか、勤務エリア、勤務形態、転勤の可能性、自動車や家の所有、家族構成、資産や借金、将来の夢、健康状況など。こちらも、できるだけ多くの項目で具体的に記入したほうが、異性の目にはとまりやすい。

人は出身地や出身校や趣味など自分と共通する項目に親しみを感じる。だから、プロフィールはできるだけたくさん、わかりやすく、具体的に記入したほうが、より多くの人にアピールできるだろう。

たとえば映画が好きな場合、ただ「趣味は映画観賞です」と書いても印象は薄い。映画やスポーツを観ることが好きな人はいくらでもいるからだ。好きな作品や俳優の名前や、ここ数年に観た映画をいくつか書き記すほうが有利だろう。画面上のプロフィールは一度記入しても、年齢や性別などの本人確認に関係する項目を除き、バージョンアップしていけばいい。

このプロフィール作成において重要なのは、正直に書くことだ。たとえば、身長、体重、年収はごまかせる。それでも、身長や年収を足したり、体重を減らしたりはするべきでない。

ネット婚活は、自分を商品として扱う〝信用取引〟だ。ネット上のやりとりでおたがい好印象を持ち、いよいよ実際に会った時に嘘が発覚するのはよろしくない。それがたとえ小さなことでも、偽りはすべての信頼を失う。それまでにまったく接点がない相手との出会いは、スタートの時点で嘘があると、その他の項目の真実ですら疑われてしまうものだ。

「高収入」「海外駐在歴」「海外経験」は有利

プロフィールを記入する際、嘘はいけないが、今ある自分をよく見せることは当然必要だ。常により多くの人の目に魅力的に感じられる自分を意識して、創意工夫を重ねることが成果につながる。

A社の婚活サイトでは、各人のプロフィールに異性からの申し込み状況が書かれている。これは実にリアルだ。ある意味、自分の価値を数値化したものだからだ。申し込み件数が少ないと、サイトの管理者から「君は市場価値なし！」とジャッジされているような気になる。

婚活を始めたものの、誰からも申し込まれなかったら、心はしぼむ。しかし、ネット婚活で成果を上げるには、申し込み件数をいかに合理的に割り切ってとらえることができるかが大切だ。

自分への申し込み件数が多ければ問題はない。しかし、少なければ、プロフィールに手を加えるなり、写真をさし替えるなり、何か手段を講じなければ、いい展開は期待できないし、心も細っていく。

そう思った時、一つの案が浮かんだ。

それは、同じように婚活をしたい女性と情報を交換し合うことだ。

そうすれば、人気のある男性のプロフィールを見て、比較検討し、自分のプロフィールに反映させることができる。つまり、ネット婚活を有利に進めるために、〝ライバル〟である男性会員の実態を知るのだ。

そして、幸運にもこの姑息なアイディアをもちかけるには都合のいい女友だちを見つけた。三十三歳のフリーランスの編集者で、婚活中のイソベだ。

実は、私が閲覧しているサイトの中に彼女のプロフィールがあった。イソベは同じネット婚活の会員だったのだ。女性のプロフィールの中にはほかにも知人を発見したが、こんな恥ずかしい提案ができそうなのは、しかもこちらのリクエストに応じてくれそうなのは、イソベだけだった。

さっそく直接連絡をとり〝共闘〟を提案する。このイソベ、かつて同じ職場で働いていた。こちらが七年先輩。少しは仕事を教えた。たまにはご飯もご馳走した。たぶん断らないだろう。

電話をすると、期待通り、彼女は快く応じてくれた。私同様、同性にはどんな会員がいるのか、気になっていたそうだ。利害関係も一致したわけだ。

さっそく都内のネットが利用できるカフェでイソベと会う。パソコンを持参し、それぞれ婚活サイトのページを開き、プロフィールを見せ合った。

男性のプロフィールを見て、まず感じたのはむさくるしさだ。

同じ婚活サイトでも、女性のプロフィールは華やかだ。個人差はあるものの、オシャレをしているし、化粧もほどこしている。しかし、男の服装はダーク系が多く、ひげを生やしている会員もいる。テレビの刑事ドラマの犯罪者のファイルを見ているようだ。女性のページ同様、男性のページも人気度がわかるしくみになっている。女性からの申し込み数が画面に表示されているのだ。

それを見ると、女性がいかに収入を重要視しているかがわかった。男はとにかく年収が高ければ人気がある。

画面をチェックしていくと、年収一千万円を超えると、申し込み件数が一気に増えている。年収二千万円になると、何十人もの女性の申し込みが来ていた。

一方女性会員の年収は三百万円以下が多い。相対的に派遣社員やパートタイマーの比率は高い。二十一世紀の日本は出口の見えない不況が続いている。やはり、結婚には安定した生活を求めるのだろう。

女性が男性を選ぶ条件で、年収の次に重要なのが容姿だ。しかし、ちょっとカッコよくても年収三百万円だと申し込みは少ない。でも、容姿がジミでも年収一千万円以上ならばかなりの人気だ。

容姿は、整った顔立ちのいわゆる〝イケメン〟に人気が集中するわけでもない。それよりも清潔であることが重要だ。悪そうな雰囲気、知性が感じられない表情や顔立ちだと、申し込みは少ない。それは、インターネットというツールの性質を考えると納得できる。自分が女だったら、ワイルド系の容姿をした見ず知らずの男と二人で会いたいとは思わない。乱暴なことをされたり、どこかに連れ去られたりしそうな気がするからだ。

また、都心部に住んでいる男性には申し込みが多い。言い換えると、都会在住でないと不利だ。多少収入が多くても、容姿に恵まれていても、住まいが東京や大阪や、その近郊でないと、女性は食いつかない。

女性の場合は、結婚して男性の収入を基盤とする生活を送ることになると、相手が暮らす土地に身を寄せざるを得ない。それを考えると、都心部、もしくは自分と同じ出身地でないと不安だろう。

さらに、海外駐在、もしくは海外駐在の可能性がある男性は人気が高いようだ。ネット婚活の画面を見ると、女性がいかに外国好きであるかがよくわかった。外国で暮らさないまでも、海外旅行や海外出張の経験が豊富な男に、女性はよく食いついている。自分も一緒に旅行できると考えるのだろう。駐在は旅行のように甘くはないと思うが、ネットでプロフィールを見ている時点では、そこまで想像力が働かないのかもしれない。

イソベに見せてもらった男性プロフィールは実に参考になった。それをもとにして、帰宅後、自分のプロフィールを作成していった。仕事に関することは、正直に、具体的に書くしかできないが、海外へ出かけた体験や、これからも行きたいというニュアンスをプロフィール全体にちりばめた。そのこと自体に嘘はない。

男は「癒し系」「甘えん坊」「ナイスバディ」を好む

イソべとの情報交換会から帰宅して、自分のパソコン画面であらためて女性のプロフィールをながめると、明らかに男女の傾向は違っていた。

まず、ほとんどの男性は女性の収入は気にしていない。男が女性を選ぶにあたっての大切な条件は、容姿だ。

そして、これは想定内だったが、男は若い女性が好きだ。五十代よりも四十代、四十代よりも三十代、三十代よりも二十代に人気が集中する。そして、容姿がよければそれだけ人気が集まる。若くてきれいな女性が入会し、プロフィールがアップされると、その日のうちに申し込みが何十件も集中する。

人気がある女性には、文面から謙虚な姿勢も感じられる。たとえば、「あなたを支えます」といった種類の書き込みがあるのだ。「おいしいご飯を作ってあげます」「マッサージが得意です」といった奉仕型は喜ばれている。

男のオツムは単純だ。そして封建的だ。意識的にしろ、無意識にしろ、男女の関係性で自分が優位に立てそうな相手だと食いつきがいい。

女性のプロフィールの傾向で特徴的なのは、誰もかれもが自称「癒し系」であること。癒し系だと男に好まれると思っているのだろうか。自分を癒し系だと思いたいのか。この発想は単純だ。しかし、残念ながら、こうした自称癒し系たちに、男たちはまんまと食いついている。男のほうがもっと単純だった。

「癒し系」のほかには「甘えん坊」「古風」といったキーワードに、どうやら男は弱い。

また、「できるだけ早い段階でお会いしたい」「一緒に旅行がしたい」といった記述も受けている。男はスケベだ。早く会いたいし、早くお泊りをしたいのだ。また、当然、「グラマーといわれます」「ナイスバディです」という女性の自己申告にも弱い。しかし、「ナイスバディ」「グラマー」などと自分のプロフィールに書けるなんて、なんてタフな神経なのだろう。その感覚に対しては、けっして皮肉ではなく、学ぶものがあった。

ちなみに、自称「グラマー」については、身長と体重の項目も同時にチェックするべきだ。グラマーというよりも「ぽっちゃり」のケースが多い。身長一五五センチで体重六〇キロの自称「グラマー」は、客観的には「ぽっちゃり」の部類だろう。現実的には、世の中には、ぽっちゃりの女性を好む男はすごく多いと思う。しかし、女性の側は自分をぽっちゃりとは認めたがらない。それで自らをグラマーに分類する。

では、嫌な印象のある女性はどういうタイプか。

それは「私はこんなに素敵なんだから、それ相応の自信がある男性だけ申し込んできてね」というスタンスの女性だ。実際に、そのままの内容を書いている女性もいた。当然、女性プロフィール全体の中ではかなり目立つ。

恵まれた容姿、仕事のスキルの高さ、学歴の高さ、海外経験の豊富さ、自分が男性にいかにもてできたかなどを書く女性は思いのほか多い。こういったタイプに申し込む男はよほど自信があるか、よほど自己評価の甘い鈍感男だろう。

ネット婚活は自慢大会ではない。それをよく認識してプロフィールを書いたほうが、〝出会い〟という最も重要な目的への近道になると思う。

容姿のよさは写真を見ればわかるのだから、あえて目立つように記述する必要はない。「モデルをしていました」「メーカーの総合受付担当です」「航空会社で客室乗務員をしています」といった容姿のよさを裏付ける記述は、強くアピールせずに、嫌味を感じさせないレベルでさらりと書いておくと効果的だ。それでも、絶対に男は見つける。

また、女性の自己PRには「天然といわれています」という記述が多い。実に多い。これは、「癒し系」と同じ意味合いで使っているのだろうか。かわいらしいとか、穏やかな性格であるとか、そういったことを伝えようとしているのだろうか。

もしそうであれば、ねらい通りの成果は得られない気がする。自分で自分のことを「天然です」などと書くと、天然ボケというか、いかにも阿呆のようだ。そんな女性と一緒に過ごしたいと思う男は少数派だと思う。自分自身も〝天然〟の男が寄ってくるに違いない。

ナンパ師には要注意

男は、若くてきれいな女の子との楽しい生活を求めている。

女は、経済的な安定を求めている。

男女それぞれのプロフィールページを見ると明確だった。

しかし、ふつうに考えて、若くてきれいな女性や、高収入で見た目もいい男は、ネット婚活などしないものだ。ネットの外の社会でも十分に需要はある。好条件の男女はネットには来ない。

だから、プロフィールを閲覧していてスペックの充実している人を見つけたら、何か問題を抱えていると考えたほうが自然だ。借金があったり、性格的に大きな問題があったり、エキセントリックだったり、ベッドの上で変わった趣味嗜好があったり、ということを想定してアプローチをしたり、アプローチを受けたりしたほうが、後に何かあったときに失望が少なくてすむ。

また、高スペックの男に対しては、ナンパ目的も疑ってみるべきだ。

ネット婚活でのナンパについては、A社とは違う婚活サイトのスタッフからこんな話を聞いた。

その会社の母体は結婚情報サービス。古い言い方をすると、結婚相談所である。その会社では、高額の会員制紹介サービスと同時に、ネットでプロフィールを閲覧する月会費数千円の紹介サービスも行っていた。

このシステムを巧妙に利用してナンパをする男性がいたというのだ。

その男性は二十代後半の公営ギャンブル選手。年収は約二千万円。スポーツマンなので容姿もさわやか系で筋肉質。当然、女性会員からの「お会いしたい！」という申し込みが集中した。

しかし、この男性、婚活ではなく、手軽に女性と知り合うことだけが目的だった。彼はネットを通して、次々と女性に申し込み、次々と女性からの申し込みに応じ、次々と会い、何人もの女性と関係を持った。やがて相手に飽きると、または結婚を迫られたりすると、すぐに交際を絶った。複数の女性と同時進行で会っているので、別れても困らない。

サイトを管理する会社には、多くの女性から彼に関するクレームが届いたという。

しかし、この男性、ネットサービスでのルール違反はしていない。

規約上、複数の異性と同時に会うのは自由だし、ホテルへ行くのも同意のもとだった。結婚の約束もしていないし、金銭をだまし取るような行為もない。有り余る性欲を処理するために彼にとって絶好の手段を見つけ、実行に移したわけだ。

その上、男性にとって、このサービスは実に都合がよかった。女性と関係を絶つときに、直接自分で連絡しなくてもいいのである。会いたくなくなれば、この婚活サイトに依頼をすれば、自分の手を汚さなくても女性に断りを入れてくれる。面倒なことはアウトソースできる。いたれりつくせりだ。ネットを運営する会社にとっては、気が小さくて自分の口ではなかなか断れない会員への配慮である。しかし、公営ギャンブル選手はそれを自分流に利用したわけだ。ナンパの事後処理に苦しむこともなく、いわゆる〝入れ食い〟状態で、サービスを目一杯活用した。

結局、管理会社のスタッフはルール違反を犯していない彼を責めるわけにもいかず、丁重にお願いしてご退会いただいたという。男性は怒ることもなく、素直に応じたそうだ。彼にとっては、また別のネット婚活に登録して、同じことをやればいいだけだ。

ナンパをする男性もどうかとは思うが、このケース、彼と会い、関係を持つ判断をした女性たちにも大人の責任があると考えていいのではないか。

人は顔のない相手とは付き合わない

さて、ネット婚活のプロフィール作成のプロセスでは、一つ、大切な決断を迫られる。写真掲載だ。

プロフィールのページには写真のワクがある。A社の婚活サイトの場合は、バストアップと全身の二点の掲載が可能。どちらか一点でもいい。

写真の掲載は任意。掲載しなくてもいい。当然、掲載したくはない。いくら実名が掲載されていなくても、私がイソベを見つけたように、知り合いがいれば、顔写真で特定されてしまう。

それに、自分の顔が不特定多数の人に見られるのは気持ちのいいものではない。さらに、容姿に自信がないと、写真を掲載することが不利にならないだろうか――とも考えるものだ。

婚活サイトによっては、写真掲載には実によく考えられたシステムがある。自分が掲載すれば、異性のプロフィールの写真を見ることができる。しかし、自分が未掲載ならば、異性の写真も見られない。つまり、自分の姿をさらさなければ、相手の顔を見ることはできないのである。ハイリスク＝ハイリターン、ロウリスク＝ロウリターンが徹底されている。

結局、写真については悩みに悩み、掲載に踏み切った。

写真掲載なしに相手を見つけることはできないと感じたからだ。人は顔のわからない相手と話そうとは思わないし、興味を覚えもしないものだ。

スタジオ撮影より旅行スナップが有利

では、どんな写真を掲載すればいいのか。

写真には、大きく分けて二つのタイプがある。スナップを掲載している人とスタジオでプロが撮影した写真を掲載している人だ。それぞれ一長一短あるが、異性からの申し込み件数で判断すると、概してスナップのほうが受けはいい。自然だからだ。

スタジオ撮影だと、かしこまった雰囲気で、堅いイメージになってしまう。また、本当に写真と同じ顔なのだろうか――と、疑いの目で見てしまうものだ。後に女性と実際に会うようになってわかったのだが、スタジオ撮影の人の場合、実物とのギャップが大きい。会ったときに「えっ、写真と違うじゃない！」と感じた女性は何人もいた。というか、ほとんどだった。

待ち合わせ場所で女性から声をかけられるまでわからないこともあったし、声をかけられてもわからないことさえあった。こういうケースでは、その後の会話は絶対にはずまない。相手に悪意がなかったとしても、こちらはだまされた気持ちになるからだ。

その点、スナップ写真にはごまかしは少ない。また、スナップは多くの場合、旅行先や友だち同士の集まりなど楽しい場面で撮影することが多く、自然な笑顔で写っている。こういう写真は好印象を与えるものだ。

そうはいっても、自分の容姿にあまりにも自信がない場合は、やはりスタジオで撮影をし、場合によっては多少の加工を施すことも必要だろう。まずは、いいイメージの自分をつくり上げ、相手と会うチャンスを手に入れなくては婚活にならないからだ。

その場合、会ったときの写真と実物とのギャップゆえ、マイナスからのスタートになる。だから、そのマイナス分を埋める会話をきちんとイメージし、何度もシミュレーションをしておくほうがいいだろう。写真と実物とのギャップを会話ネタにしてしまうくらいの覚悟が必要ではないだろうか。

もちろん、容姿に恵まれていれば、スタジオ撮影だろうがスナップ写真だろうが関係ない。

やはり笑顔は強い

写真の表情や服装についてだが、まず女性の場合は、当然、笑顔がいい。笑顔は最大の武器だ。それに、撮影の時に笑うことは心がけひとつで誰にでもできる。

実際に男女のプロフィールをチェックしても、それは明確だった。いわゆる美人でなくても、笑顔の女性には申し込みが多い。かしこまったおすましした顔よりも、笑顔だ。笑顔は無敵だ。

また、男は単純なので、露出が多い服に弱い。ノースリーブ、胸元が大きく開いた服、身体のラインがくっきりとした服だと受けがいい。

一方、男性のプロフィールをチェックしても、笑顔は好印象のようだ。男の場合は、にこにこ顔よりもソフトな笑顔のほうがよさそうだ。また、きりっとひきしまった表情も受けている。知性が感じられるからだろうか。

服装は、男はスーツやジャケットが無難だ。もしもカジュアルな服装に自信があれば、そちらのほうが高評価にはなる。しかし、ジャケットやスーツと比べると、私服は難易度が高い。たとえばデニム系など、ふだんから着なれていないと似合わない。プロフィールの写真を見る限り、男性は襟のあるシャツにジャケットあたりがリスクは少ない。

また、男性のプロフィールを眺めて強く感じたのは、女性と比べて髪型や服装に無頓着な人が多いことだ。よれよれのジャケットだったり、髪がボサボサだったり、逆に七五三写真のようにきちんとし過ぎていたり。写真を撮る際は、髪を清潔に、自然にしておく配慮は必要だ。

そして、男性の場合も、女性の場合も、パソコンの画面上では、自分の写真だけではなく、ほかの会員たちと並んで見られることを意識すべきだろう。自分の顔写真を単体で判断するのではなく、ほかの人の写真と並べたときに、女性ならば明るくかわいらしく見えるか、男性ならば誠実で知的に見えるか。自分を厳しくチェックして選びたい。

かけもちは当たり前

ここまでは大手ネット婚活A社の話を中心に書いてきたが、前述したとおり、ほかにも中堅のB社と、婚活パーティー会社が運営するC社にも、同時期に入会、登録をした。

B社のシステムはA社とほぼ同じだ。ただし、プロフィールのフォーマットがより細分化されている。仕事、趣味、結婚観などについてより多く書き込める。また、写真を掲載してもしなくても、全員の顔写真が閲覧できる。自分の顔をさらさなくても、ほかの人の顔を見られるというわけだ。

ただ、このサイトの写真は、A社と比べると、ややクオリティーが低い。写真の質が落ちると、その人の魅力も薄れることが画面を見ると明確にわかる。

C社はプロフィールがシンプルだ。住まい、年齢、身長、趣味、職業、年収、学歴、血液型、自己PR、相手への希望を記入するだけ。しかも写真を含めすべてが任意で、本人確認など書類の提出も不要だ。

三社に入会してわかったのだが、ネット婚活を行う人の多くは、私と同じように複数のサイトに登録している。B社のプロフィールをながめていると、見覚えがある顔に頻繁に出会う。「知り合いだったっけ⁉」とドキッとするが、そうではなく、A社のプロフィールで見たことがある人だった。

みんな、切実に結婚を願望しているのだ。

占い師、映像作家、中米在住……

ネット婚活では、前述のミキさんのほかにも多くの個性的な女性と対面した。

〈サラリーマンの方ではなく、何か専門のお仕事をしている男性希望です〉

プロフィールにそう書いていたキョウコさんは三十三歳の占い師。顔写真もとても明るい印象だった。そして何よりも「専門職希望」だった。そのコメントに一縷《いちる》の望みをもって、私は申し込みをした。

〝婚活界〟では自営業はマイノリティーだ。すでに書いたように、多くの女性は経済的安定を求めて婚活している。経済的に不安定な業種や職種の男と知り合うのでは婚活をする意味がない。だから、サラリーマンではない男性を希望するキョウコさんは貴重な存在なのだ。さっそくサイトを通して申し込みをすると、気持ちよく応じてくれた。

彼女とは都内の私鉄沿線の和食店で、少し遅めの、お客さんが少なくなった時間帯にランチをともにした。

驚いたのは、彼女のテンションの高さだ。一度電話で会話を交わした時は、その明るさに好印象を持ったが、実際に会うと、とにかく声が大きい。静かなお店に彼女の声が響き渡り、店のスタッフもお客さんもみんなが私たちのテーブルに注目した。

彼女に少し声のトーンを落とすようにうながし、何気なく理由を聞くと、午前から自宅で酎ハイを数杯飲んできたという。

人間的には魅力的だった。読書家で、働き者。電話とインターネットで占いをしていて、かなり人気があるらしい。サイトのプロフィールでは年収八百万円とされていたが、実際にはその倍以上あるという。

「年収をあまり多く書くと男性に引かれるような気がしたんですよー！　ガハハハ」

豪快に笑った。

占いは人生相談に近いビジネス。一日じゅう他人の恋愛や仕事の悩みを聞いているとストレスがたまるそうだ。そのはけ口で、彼女はついアルコールを口にしてしまうという。それって、ひょっとしたら、アルコール依存症じゃないのか――。結局、キョウコさんとは、生活がかみ合うとは思えず、その後会うことはなかった。

四十歳の映像作家、ミサコさんも友だち関係ならば楽しい女性だった。なにしろ映画についてはプロだ。ものすごく詳しい。電話での会話で盛り上がり、二時間も話をしてしまった。ミサコさんとは東京世田谷の私鉄沿線の高級住宅地にあるカフェで会った。実際に会うと、仰天する言動ばかりだった。映画の構想に集中して何週間も自宅から出なかったり、撮影のために賃貸住宅の柱や梁《はり》をノコギリで切断してペナルティとして二百万円もの修繕費を支払ったり。彼女と平和な暮らしを送れるとはとうてい思えなかった。

中央アメリカに住む日本人女性もいた。それまで私が聞いたことがない名前の国から休暇を利用して帰国した三十三歳のヨシコさんだ。彼女とは、都心のホテルのラウンジで会った。

「向こうで一緒に暮らしませんか？　貨幣価値が違うので、日本円で一か月に十数万円あれば、執事とプールがついた豪邸で生活できます」

お誘いを受けたものの、日本語はもちろん英語すら通じない環境で暮らす勇気は持てない。丁重にお断りした。

そもそもこのヨシコさんは、写真と実物が別人のようだった。待ち合わせたラウンジで声をかけられたときも、人違いだと思ったほどだ。ネット婚活ではなく仕事関係で名刺交換をした人ではないかと思い、あわてて記憶をたどったほどだ。彼女の写真は中米へ引っ越す前にお見合い専門のスタジオで撮影したらしいのだが、どうやったらあそこまで違う顔にできるのだろう。

三十五歳バツイチのアサコさんは、私がそれまでの人生で会ったことがないほどまじめだった。華やかさはないが、きれいな顔立ちのおとなしい彼女の離婚の理由は、前夫のギャンブル、借金、暴力、マザコン。漫画に登場しそうなダメ男と一緒にいたわけだ。離婚後のアサコさんは、実家に戻り、週に四日スーパーでパートタイマーとして働いていた。

「海が見えるところへドライブに連れて行っていただけませんか？」

電話で話したときの彼女のリクエストにはとまどった。まだ一度も会ったことがない男とドライブに行くなんて、警戒心がなさすぎる。

「初対面の男性とクルマで遠出するなんて、心配じゃないんですか？」

当然確認した。

「大丈夫です。いい人か、そうでないかは、電話で話せばわかります」

彼女は譲らない。夫を選び間違えて手痛い目にあっているわりには、人を見る目に妙に自信をもっている。

結局、週末の午前に都内で待ち合わせて、湘南方面へ向かい、ランチをともにした。

「私、すぐにでも結婚したいんです。これ以上今の生活を続けたくないからです。もし、私を気に入ってくださったら、一年以内の結婚を前提にお付き合いしていただけますか。もし、合わないと思ったら、気をつかわずに早い段階で断ってください。私、すぐに気持ちを切り替えて、違う男性を探しますから」

往きのクルマの中で、アサコさんはいった。とにかく早く再婚したいのだ。相手はそれほど重要ではないのだろうか。

しかし、結論からいうと、私たちはまったくかみ合わなかった。趣味や興味を持つものがまったく違ったのだ。こちらは、本や映画や音楽の話をふった。しかし、彼女はテレビドラマやバラエティーに興味を持っていた。しかし、男の三十代、四十代は忙しく働いているので、ドラマやバラエティー番組を日常的に見るのは難しい。

ランチをすませ、帰路につく頃には、彼女も私もまったく言葉を発しなくなっていた。何かを語りかけると、二人の間の溝の深さをより強く感じることになるのが、おたがいわかっていたからだ。どう考えても、アサコさんとは縁がなかった。

また、数か月間、交際した女性もいた。都内の企業に勤める三十四歳のノゾミさんだ。

交際一か月で決断を迫られる

「ちょっと話があるんだけど……」

　ノゾミさんが深刻なトーンで電話をしてきたのは、交際をスタートさせて二か月目のことだった。

「何？」

「私さあ、結婚したいんだけど。できれば半年以内に」

「それって早くない？　まだおたがい、知らないことがたくさんあるでしょ？」

「あなたのこと、私はもう十分にわかっているよ。だから、すぐに結婚したいし、子どもがほしい。今週末会うときに返事をちょうだい」

「今週末⁉　それはずいぶん急《せ》いてるね。もう少し付き合ってからにしたい、っていったら？」

「別れる」

「はあ⁉」

交際二か月目で突然結婚をいいだしたノゾミさんの事情はすぐに察しがついた。おそらく、誰かと二股をかけているのだろう。こっちに目処《めど》が立たなければ、もう一人の男に絞りたいのだ。

婚活サイトにアップされていたノゾミさんのプロフィールはとても明るい雰囲気。南の島のプールサイドでジュースを飲んでいる写真がかなりかわいかった。男性からの申し込みは一か月で三十件以上。交際メールを送って「ＹＥＳ」の返事をもらった時は、自分でも信じられなかったほどだ。

さらに、実際に会うと、イメージ通りの明るい性格だ。しかも童顔に似合わず豊満な体型で、そのギャップが実に魅力的だった。

それにしても、交際を始めて一か月で、すぐに結婚してすぐに子どもを作りたいというのは早急だ。必ずしもじっくり考えればいいとは思わないが、まだおたがい知らないことが多過ぎる。だから、残念だけど、次のデートを最後に別れることを選んだ。

「二択しかないのならば、しかたがない。今日で終わりにしよう。すごく悲しいけれど」

正直未練はあったが、結婚か別れるかの即決を迫られて、何となく脅されている気持ちにもなった。その日、彼女は涙を流したが、しらじらしく感じた。

ところが、別れたはずのノゾミさんから、思いもよらずまた電話がかかってきた。別れ話から一か月後くらいのことだ。

「どうしてた？」

彼女は、別れ話なんてなかったかのような明るいトーンで問いかけてきた。

「どうしてた……って、ふつうに仕事をしてるよ」

「なんで電話とかくれないの？」

「そりゃあ、別れたのに、電話なんかしないよ」

「私、会いたいなあ」

「はあ？」

自分のほうから即結婚か即別れかといい出しておきながら勝手な電話だと感じたものの、結局会うことになった。したくなってしまったのだ。

再会した日に、ストレートに質問した。

「きっと、ほかにも候補の男がいたから、結婚するか別れるかを迫ったんだよね？」

「うん……」

「で、そっちのあてがはずれたから、電話をくれたわけ？」

「うん……」

妙に正直だ。

「その人とは別れたの？」

「だって、その人、子どもの頃に病気をして、タマが一つしかないの」

「一つ残っていれば、生殖能力はあるでしょ？」

「そうかもしれないけど、やっぱり石神君のほうがいいから」

都合のいい話に思えた。一か月前に試すような二択を迫られたこともあり、ノゾミさんとの関係は成就しなかった。実は、その後も何度か会ったが、一度生まれた不信を消すことはできなかったのだ。

写真掲載のない会員に意外な〝掘り出し物〟も

ネット婚活ではプロフィールに写真を掲載したほうが有利だと述べたが、自分が検索をする側の場合は、写真がない相手もチェックを怠らないようにしたい。意外な会員が潜んでいることもあるからだ。

テレビＣＭにも出演していた三十三歳バツイチのモトコさんも写真未掲載の会員だった。

写真のない女性会員のプロフィールを何気なく眺めていると、趣味や、旅行で出かけたい場所や、好きな食べ物が、ぴったりの女性を発見した。それがモトコさんだった。写真未掲載なのは不安だったが、思い切ってメッセージを送ってみた。写真未掲載のモトコさんも、私の顔写真を閲覧できない。それでも、ネットを通して何度かメール交換し、対面することになった。

実際に出会って、その容姿に驚いた。ボーイッシュなショートヘア、無駄な贅肉《ぜいにく》がまったくないことが服の上からでもわかった。そして、モデルでテレビＣＭにも出演しているため、写真は掲載できないことを明かされた。

しかし、彼女のほうは、こちらの容姿に不満があった。

「どうにかならないかな？」

食事が終わりかける頃、問いかけてきた。彼女のほうが年下だけど、会話は終始上目線だ。

「どうにか、って？」

「だから、せめて体重、減らせない？」

「どのくらい？」

「まず三キロ」

「三キロ減らしたら、交際してくれる？」

「いいよ」

「ほっぺにチューくらいはいい？」

「次に会うまでに、三キロ以上減らしていたら、お泊りくらいはいいよ。三キロ減れば、顔を見ればわかるから」

「ホント！」

契約成立である。次に会うのは十日後だった。三キロなんて、食べなければ落ちる。翌日にはスポーツジムに入会した。「お泊り」という餌につられてしっかり脂肪を落としてお付き合いが始まった。

しかし、長くは続かなかった。会う度に上目線で接してこられると、いくらきれいな女性だといってもつらい。

ただ、この体験から、写真未掲載にも、というか未掲載だからこそ、極上の美形女性が存在しているのだと気づいた。これは男性会員にもあてはまるらしい。

共闘する女性会員、イソベによると、写真未掲載の男性会員の中には、企業の管理職クラスやメディア関係の男性が多数存在しているらしい。婚活はしたいけれど、顔を露出し、登録していることが広く知られると、仕事上恥ずかしかったり、支障があったりするのだろう。

彼女がメッセージをもらい、対面した中にはテレビのキー局のディレクターがいたそうだ。結局縁はなかったものの、食事のエスコートや会話の楽しさは抜群だったという。

好感度が高い「申し込み文」とは

ネット婚活は、画面上で魅力を感じても、会わないことには相性はわからない。しかし、会えるところまでたどり着く確率は、五人に一人くらいの割合だった。私の場合は、申し込んでも断られるケースのほうが圧倒的に多かった。

対面率は、年収、年齢、容姿によってもちろん違う。年収二千万円で二十代でさわやかな容姿ならば、もっと高い確率で女性と対面できるだろう。しかし、婚活は今ある自分の条件で臨まなくてはいけない。婚活は、人間としての自分の総合力を試される場なのだ。

断られ方はさまざまだ。丁重なメールをもらうこともあれば、サイトの中にすでに用意されているテンプレートという定型文のときもある。

〈お申込みありがとうございます。残念ですが、今回はごめんなさい。お互い素敵な出会いがあるよう頑張りましょう〉

こんな定型文をもらうと、洟《はな》も引っかけられなかったと感じて、かなりへこむ。

〈七歳以上離れている方はお断りすることにしています〉

〈ほかに気になるかたがいるので、ごめんなさい〉

などと、はっきり、あっさり拒絶されるケースも、それはそれでへこむ。

入会したばかりの頃は、断られると傷ついた。しかし、そのうち慣れてくる。そして敗北体験を重ねることによって、プロフィールや申し込む文章に工夫を加えるようになる。

たとえば、申し込みの文章は、具体的かつ簡潔になっていく。

〈こんにちは。

もしご迷惑でなければお話をするチャンスをいただけないでしょうか。

キョウコさんのプロフィールを拝見し、誠実さと明るさを感じました。

お写真の笑顔も素敵です。

僕は、石神賢介といいます。

仕事は出版関係で、エッセイやコラムを書いています。

カフェか、どこかおいしいものを食べさせてくれるレストランでお目にかかれたら嬉しいです。

ぜひご馳走させてください。

よろしくお願い申し上げます。

石神賢介〉

ポイントは、相手のどこに魅力を感じたのかを明確にして申し込むことだ。一文は短めで、行替えを多用した。自分が女性から申し込みをもらった時に、嬉しく感じた文章も参考にした。こういうふうに工夫を重ねることで、少しずつではあるが、対面する確率を上げていった。

本命の絞り方

さて、こうしてぐずぐずと結果の出ない出会いを重ねているうちに、私と共闘し、男女のプロフィールを見せ合ったイソベはパートナーを見つけていた。

そして、なんと婚約にまでこぎつけていたのだ。

「三か月はこれに集中すると決めて、全エネルギーを注ぎましたから」

勝ち誇ったような満面の笑みで報告された。

「最近の私の仕事は自宅でコツコツ行うタイプの作業が多くて、ほんとうに出会いがないんですよ。ネット婚活はそのハンディを補ってくれました。むしろ、自宅で長時間パソコン画面に向き合うので有利になったほどです」

パソコンを使い慣れていること、そして文章でやりとりをすることが負担にならない職種であり、性格であったことが、いい結果を招いたのだという。

フリーランスの書籍編集者の彼女は、同業種ではなく、ふつうのサラリーマンの男性を希望していた。自分がいる出版業界がいかに不安定で、将来的に先細りか、身にしみていたのだろう。だから、他業種という条件で探し、何人かの男性と食事を重ね、候補者の中から誠実な男性を選んだ。

その相手にも会わせてもらった。彼女よりも四歳年上の三十七歳。メーカーの営業職だ。女性が極端に少ない職場なのだという。〝イケメン〟といえる容姿だった。性格も明るい。なんでこの男に彼女がいなかったのだろう？　クビを傾げるほどだった。こういう男性もまだ残っているのだな、と知った。彼はネット婚活で出会った女性にいきなりキスをされたこともあるそうだ。

婚約にたどりつくまで、イソベは実に合理的なプロセスで彼一人に絞っていった。まず、自分から申し込んだ男性か、申し込んできた男性かにかかわらず、興味をもった男性とは食事をする。

食事をすれば、自分と合うかどうかはだいたいわかるという。チェックポイントは、食べ方が下品ではないか、お金の支払い方がきれいか、一緒にいる数時間はおたがい自然に会話がかわせるか、など。そして、会話の中で相手がナンパ目的ではなく、婚活サイトで真剣に結婚相手を見つけようとしているかも確認した。

食事代は、一度目は全額男性に支払ってほしいという。その代わり、別の店で飲むコーヒー代は彼女が二人分払うようにした。もしくは、二度目に会う時に、食事のお礼にハンカチや上品なお菓子などを持参したという。

食事の次は、少し遠くへ出かけるようにする。無理なく日帰りできる距離の遠出。東京在住ならば、横浜や鎌倉などだ。大阪在住ならば、京都や神戸になるだろうか。長時間二人だけでいても楽しく過ごせたら、交際へと歩を進めた。

「ネット婚活は、プロフィールのページで、顔、収入、子どもがほしいかどうかなどが出会う前にわかるので助かりました。収入や子どもがほしいかは、少なくとも私の場合は、交際を始めてしばらくしないと聞けない項目だったので、本当にありがたかったですね」

イソベと話をしていて、違和感を覚えたのは、容姿についてだ。彼女は「あらかじめ顔がわかっていたから安心した」と話した。写真と実物が著しく違っていたケースはなかったのか？

「えっ？　写真と実物のギャップはなかったですよ。私は十人くらい会いましたけれど、みんな写真と同じ顔でした」

どうやら、男の場合はプロフィール写真と実物の間のギャップは少ないらしい。すでに書いたように、女性の場合、写真と実物が別人のようなケースが何度もあったのだ。

「最後に彼に決めた一番の理由はフィーリングが合ったことです。映画でも、音楽でも、本でも、好みが同じだったんですよ。そして何かを見て大笑いする、そのポイントも同じです。これはすごく大きい理由でしたね」

イソベは合理的で現実的なプロセスを歩み、五人を三人に、三人を二人に絞り、最終的には感性の合う男性と躊躇なく婚約した。ここまで約三か月。そしてめでたく結婚し、すぐに子どももできた。見事だった。

第2章　刑務所の食事シーンが頭に浮かんだ

お見合いパーティー編

プロフィールは自己申告に過ぎない

「あれ？」

一瞬、自分の目を疑った。東京銀座で行われた婚活パーティー会場でのことだ。

「三十二歳」

「婚歴なし」

目の前に座るリカコさんのプロフィール用紙には、黒の太字ボールペンでくっきりと書かれていた。

「四十歳」

「婚歴あり」

それが、私が知る彼女のプロフィールだ。

しかも、婚歴は二度のはず。いわゆる「バツ二」。

コレ、いいのかなあ――じっと彼女の顔を見る。

「声、ださないで！」

口を開きかけると、リカコさんはあわてて右手の人差し指を自分の唇にあてた。左手でプロフィールを自分のもとへ無理矢理取り返す。

慣れない婚活パーティーの場への〝デビュー〟。不安だったので、この日、やはり婚活中の女友だち、リカコさんと待ち合わせて一緒に参加した。男の友だちと参加すると、同じ女性を気に入って、友人関係にひびが入るかもしれない。しかし、女友だちとならば、その心配はない。

パーティーの前半では、参加している異性全員とおたがいのプロフィールを交換し一対一で会話を行う。当然、リカコさんとも一度は話すことになる。やがて、その順番がまわってきた。

友だち同士であることを周囲に悟られないようにプロフィールを交換すると、彼女のそれには著しく事実と違う内容が書かれていたというわけだ。

「こんなの、あり？」

小声でたずねる。

「いいの。私、童顔だから」

「童顔だから」というのは、年齢を偽る理由になっていない気がする。

確かに、彼女の容姿は実年齢より若い。職業はフリーアナウンサー。二十代のころはモデルもしていたはずだ。「四十歳」と正直に書いても、きっと多くの男性参加者から交際を申し込まれるに違いない。その上さらに「マイナス八歳」の自己申告はやり過ぎではないか。

「でもさあ、顔は若くても、内臓はしっかりと四十歳だと思うよ」

「しっ！」

彼女は再び人差し指を自分の唇にあてる。

「年齢を声に出していわないでよ」

般若のような顔で睨みつけられた。

「ふうーん……。そういうもんかねえ」

「そういうもんよ」

彼女は目をそらした。

この日参加したのは、Dという会社が主催する婚活パーティーだ。参加条件は「男性・女性ともに三十代と四十代」。参加料金は、男性が五千円で、女性は二千五百円。

受付で参加料金を支払う際には運転免許証など生年月日が記された写真付きの身分証

明書を提示し、本人であることと参加条件に合っていることが確かめられる。会費を支払い、参加条件のチェックを終えると、パーティーに参加している間ずっと胸につける番号札が手渡される。

ここでは、名前ではなく、だれもが番号で呼ばれる。私の番号は十五番。

「まるで刑務所みたいだなあ」

そう思った。

このようにして受付をパスして会場に入ってしまえば、リカコさんのようにプロフィールにインチキを書いてもノーチェックだ。

婚活パーティーのスタンダードとは

婚活パーティーの多くは約二時間のワクだ。主催する会社によってさまざまな年齢層、さまざまな条件設定のパーティーを企画している。

年齢は、二十代限定のものから六十代以上まである。そのほかには、男性ならば「年収六百万円以上」「年収一千万円以上」とか、「職業は医師＆弁護士限定」「六大学卒業者限定」「身長百七十五センチ以上限定」「自家用車所有者限定」「一部上場企業&公務員限定」など。女性は男性と比較すると条件はゆるく、ときおり「秘書&受付限定」「モデル&客室乗務員限定」があるくらいか。また、「離婚経験者とその理解者限定」というのも見かける。

そして、参加者が結婚を具体的に意識しているタイプのパーティーには、どの会社にも共通するスタンダードなスタイルがある。

前半は、参加者があらかじめ記入したプロフィールカードを交換しながら異性全員と一対一で会話を行う。これを多くのパーティー会社では「自己紹介タイム」と呼んでいる。この自己紹介タイムで、一人と話す時間は二～三分だ。参加者数によって長かったり短かったりする。その間、女性の席は固定され、男性だけが順番に移動していく。

後半は、前半で会話した印象をもとに、気に入った相手に声をかけ、もしくは声をかけられ、一人につき三～五分の会話を行う。これを「フリータイム」と呼んでいる。この時間帯で会話ができる回数は、やはり参加者数によって異なるが、三～六回だ。途中で司会者の合図があり、シャッフルを行う。

前半と後半のインターバルには、全員が自分の気になる相手を専用の用紙に複数名記入し、スタッフに提出する。用紙は「第一印象カード」とか「ファースト・インプレッション・カード」など、パーティー会社によって呼び方が違う。

カードの集計結果は、後半のフリータイムの途中で参加者全員に配られる。

集計用紙はやはりパーティー会社によって異なるが、自分が気に入った相手の人気度、その相手が自分を気に入ってくれているか、参加者の中でほかには誰が自分を気に入ってくれているかなどが、記されている。データを後半のフリータイムで活用するわけだ。

この第一印象の結果を伝える内容もパーティーによってまちまちだ。コンピューターで解析してかなり詳しく教えてくれる会社もあれば、原始的に手書きの紙がわたされる会社もある。

コンピューターで集計する会社の場合、「期待度九〇%」と小躍りしたくなる記述があるかと思えば、「ライバル数は十五名です」と、すぐに帰宅したくなるコメントのときもある（しかし、ほとんどのパーティー会社は原則的に途中帰宅を許さない）。

また、パーティー会社によっては、その会における自分の人気順位がわかる（ただし、教えられるのは上位のみで、下位のときは知らされない）。男としての、女としての、自分の市場価値を突き付けられているようで、ちょっと哀しい。

以上を整理すると次の通りだ。

1 前半は異性参加者全員と一対一で会話する自己紹介タイム。自分で記入したプロフィール用紙を交換し、一人につき数分の会話を行う。
2 気に入った異性を複数選び、専用の用紙に記入してスタッフに提出する。
3 後半はフリータイムで、気になった異性たちと、相手をチェンジしながら数回、一対一で再度会話を交わす。
4 パーティー後半の会話の途中で、誰が自分を気に入っているか、自分が気に入った相手に脈はあるかなどの情報が書かれたデータをわたされる。
5 最終的に気に入った相手の番号を指定の用紙に記入して提出する。
6 自分の連絡先を教えたい場合、指定のメッセージカードに記入して提出すれば、スタッフが相手にわたしてくれる。
7 参加者が提出した結果をスタッフが集計し、男女両思いだとカップルが成立。退出時その旨《むね》が書かれたカードが二人それぞれにわたされる。

会社によって、また会場によって若干の違いはあっても、パーティーの進行はほぼ同じ内容で同じ手順だ。主催者側にとっても、参加者側にとっても、このスタイルがある程度平等で最良なのだろう。

目の前に広がる刑務所の食事シーン

私とリカコさんが参加した「男性・女性ともに三十代と四十代」には、男女各二十名ほどが集まっていた。会場はしんと静まり、緊張感が高まってくる。

会場内では、参加者は男女二列で向き合い、大きな円を描くように配置されている。相手を替えながら会話を行い、ぐるりと一周すると、前半の自己紹介タイムが終わるというわけだ。

目の前のテーブルには、空欄状態の女性参加者の名簿と、自分がプロフィールを記入する用紙が置かれている。

名簿には、パーティーの前半で一対一の会話をしながら、相手の名前や印象など、自分の手で書き込んでいく。

プロフィール用紙はスタート前に自分で記入する。書き込む項目は、氏名、年齢、身長、星座、住んでいる市町村、一人暮らしか親同居か、飲酒と喫煙について、職業、休日、勤務地、学歴、年収、婚歴、家族構成、趣味、など。すべて任意だ。だから、女性のおよそ半数は、年齢欄が未記入だ。また、女性のプロフィール用紙には、住んでいる市町村ではなく、都道府県名までででいいなど、配慮が施されている。パーティー開始前、参加者は皆、各項目に黙々と書き込みをしている。

私がすべての項目を記入し終えたまさしくその時、身体にぴったりの黒のスーツを着た司会の男性が現れ、パーティー開始のアナウンスをした。

「本日はお忙しい中、当社のパーティーにご参加いただき、まことにありがとうございます。今日は、皆さまが気の合う異性の方と出会えるように、私たちスタッフ一同、約二時間、お手伝いさせていただきます。最後までよろしくお願いいたします」

司会者はネクタイの趣味もよく、誠実そうに見える。彼の傍らには女性アシスタントが二人立っている。かなりかわいい。二人とも胸元が大きく開いたワンピースを着ている。参加者は司会者やアシスタントのほうに興味を持ってしまうのではないかと感じた。実際に私は、「あっちの女の人がいいなあ」と無意味にドキドキした。

続けて、司会者が、パーティーの流れ、トイレの場所、バッグや手荷物を置くスペース、喫煙場所などについて、事務的な説明をした。

「では、私がスタートの合図をしたら、目の前の異性の方に、まず男性のほうからご挨拶し、プロフィール用紙を交換し、会話を始めてください。お一人と話す時間は約二分間です」

パーティー前半戦のスタートだ。

会場が固唾《かたず》を飲むのを感じた。そして、司会者の「スタート！」の声とともに全員がいっせいに会話を始める。

驚いた。それまでは会場全員がほとんどひと言も発していなかった。ところが、みんながいっせいに猛烈な勢いで話し始めたのだ。再び「刑務所みたいだなあ」と思った。かつて映画で見た刑務所内の食事シーンを思い出したのだ。映画の中では、静かに着席している囚人が看守の号令で猛烈な勢いで食事を始めた。囚人たちの胸にも、確か番号札がついていたと思う。

さあ、ぐずぐずしてはいられない。自分も目の前の女性と必死に会話を行う。

二分間はあっという間だ。プロフィール用紙に書かれた趣味や好きな食べ物について話すくらいだ。

「あと十秒でお相手をチェンジしてください」

司会者が指示を出し、五秒前からカウントダウンを行う。五、四、三、二、一……そして「ゼロ」の声とともにすぐに席を移動。次の女性と会話をしなくてはいけない。

「秩序を乱していないだろうか？」

「前後の男性に迷惑をかけてはいないか？」

肝心の女性との会話だけではなく、移動にも神経をつかいながら、司会者の指示にしたがって次々と会話をし、次々と相手を替えていく。その間に手もとにある名簿に各女性の名前や印象を書き込んでいく。

名簿への書き込みには、思いのほか手間取った。小学生時代から几帳面にノートをとってきた女性と違って、男はメモのスキルが著しく低い。男性だけが席を移動するので、何となくベルトコンベアーに乗せられて面接を受けている気持ちになってくる。その日、ランチをとるために寄った回転寿司を思い出した。女性は回ってくるネタを選ぶ客。男は選ばれるのを期待して回るネタ。時間とともに鮮度が失われるところまでそっくりだ。

こうして、あっという間に全員との会話を終えた。所要時間は六十分ほどだ。

息を切らしてこのセッションを終了したときには、誰と何を話したのか――ほとんど忘れていた。

パーティーの前半を終えると、専用の用紙に第一印象がよかった相手の番号を記入する。しかし、最初の数人と最後の数人は名簿にある名前と顔が一致しているものの、中盤で話した女性との記憶は怪しい。

あらためて名簿に書き込んだメモをながめるけれど、自分の文字なのに何が書かれているのかわからず途方に暮れた。

会費無料のパーティーは避けるべき

私が参加したD社の婚活パーティーは、インターネットで検索して見つけた。この会社のホームページのチェックはもちろんだが、ほかのサイトでも検索したところ、ここに対する好意的な書き込みが多かったのだ。

そして、ホームページには、パーティー会場の写真が掲載されていた。その写真にあったフロアがきれいだったことも、選んだ大きな理由の一つだ。婚活パーティーは、参加することと自体、日々の暮らしでパートナーを見つけられない自分への〝残念感〟が強い。その上会場が場末の雰囲気だったら、気持ちがどこまでも落ち込んで、頑張れない気がしたからだ。トイレが清潔でなかったりしたら、もう最悪だ。

ほかには、ホテルを主に利用しているパーティー会社もあった。このようにきちんとコストをかけている会社には好感が持てる。公民館の会議室や古い雑居ビルの空室で行われるパーティーは避けたい。

さらに、会費が高めだと安心感がある。「コストをかけてでもパートナーを見つけたい」という真剣度の高い男女が参加するからだ。

会費が安いパーティーは、安いなりの男女が集まるように思える。ネットや情報誌の広告ページで探していると「女性は会費無料」というパーティーもある。

無料はだめだ。会場近くのデパ地下で買い物をした帰りでも参加できるのだ。「タダだから参加しよう」という人は絶対に真剣度が低い。

ためしに女性の会費が無料のパーティーにも参加してみると、予想通りだった。まず、全体的に地味だった。男女とも身なりへの気づかいが希薄なのである。さらに、表情の暗い参加者が多いことも気になった。

また、平日よりも週末に開催されるパーティーがいいようにも思えた。会社の帰りに寄るのではなく、「週末の貴重な時間を使ってでもパートナーを見つけたい」という真剣度の高い男女が参加するからだ。

婚活パーティーは、電話とインターネットで参加を受け付けている会社が多い。私は電話で申し込んだ。スタッフの声を直接聞きたかったからだ。きちんとした応対をする会社のパーティーに参加したかった。

このようなプロセスを経て申し込み、参加が決まると、にわかに恥ずかしさが湧きあがってきた。

「オレはなぜこんなに恥ずかしいのだ？」

自分に問いかける。

答えは明白だった。

こういうシステムに頼らなくてはパートナーを見つけられないという状況に、プライドを削られるのだ。自意識がかるく壊される。

「会場で知り合いに会ったらどうしよう？」

そんな、ちっちゃなことも気になった。会場で会うならば、相手もパーティーに参加しているわけだから、恥ずかしくはないはず。それでも知り合いには会いたくなかった。パーティーに参加する服装は、ダーク系のジャケットに、白いシャツで、ノーネクタイにした。パンツは、ほどよいダメージのデニムだ。洗いたてのパリッとした肌触りが気持ちいい。

着替える前にはオヤジ臭がないように、念入りにシャワーを浴びた。その後、全裸のまま浴室で歯を磨き、水で薄めたイソジンでうがいをした。

そして、コップにわずかに残ったイソジンを、自分の大切なアレにバシャッとかける。十代の頃から、あそこを清潔にしておかないと運が落ちる気がするのだ。これは自分流の神聖な儀式だ。イソジンを浴びて茶色に輝く〝我が子〟を上から眺めると、すがすがしい気持ちになる。

「髭の剃り残しはないか？」

「口臭は大丈夫か？」

「眉毛は整っているか」

鏡の前で一つ一つ再確認する。こんなことをするのは久しぶりだ。

「素敵な女性に巡り合えますように！」

最後にベランダで空に向かって手を合わせて、家を出た。

恋愛格差が目に見える

パーティー会場に話を戻そう。

後半戦、私は出だしからつまずいた。

「後半のフリータイムを始めます。皆さん、ご起立ください」

司会者の指示で、会場にいる全員がゆるゆると立ち上がる。この「ゆるゆる」とした動作に、すっかり油断をしてしまったのだ。

「では、フリータイム、スタート！　皆さん、第一印象のよかった方と積極的に会話をしてください」

その合図とともに、立ち上がりこそゆるやかだった男たちが猛烈なスピードで女性のもとへ向かったのだ。こちらは、唖然とながめるだけだ。メスのところへ猪突猛進するオスの姿は滑稽だが、それをボーッとながめるノロマな自分はもっと滑稽だ。

人気がある見栄えのいい女性には、たくさんの男が殺到する。そこに一番に到達した男だけが、会話の権利を得る。まるで一つの卵子に複数の精子が向かっていく受精の場面のようだ。後れを取った男たちは、落胆の表情を隠さない。それでも、周辺にいる女性から誰かを選んで会話をする。

案の定、リカコさんのところには男性参加者が殺到した。次の順番を待つ男までいる。その一方で、男性が一人も話しに来ない女性もいる。そういう人は、うつむきながらじっと座っている。

「オレだったら、耐えられないなあ……」

そう感じた。男ならあぶれてもいい。会場内で自分の意思で行動できるからだ。動きがのろくて目当ての女性と話せなくても、自分のせいだと思える。「しょーがないから、トイレでも行ってくるか」程度のダメージだ。しかし、人気がない女性は一人で黙ってじっとしているしか術《すべ》はない。

「男でよかった」と思った。

人気があってもなくても、自分から男性に話しに行く女性は見当たらない。女性は待つのみだ。

人気がある女性も、自分のところに必ずしも好みの男性が来るわけではない。むしろ興味がない男と話すケースのほうが多いだろう。それでも面倒くさがらずに、みんなにこにこ笑いながら対応している。相手に好感を持っているのか、持っていないのか、まったく判断がつかない。

「大人だなあ」と感心した。

こんなことばかり考えて誰とも会話できずグズグズしているうちに、シャッフルの時間になった。

すると、またすごい勢いで人気の女性に向かって男が移動する。

ここは、恋愛における格差社会をそのままコンパクトにして見せてくれる場だ。もてる人はそれがさらに明確になり、もてない人はその事実を突き付けられてただ消耗する。

やがて、スタッフが第一印象の結果を伝える紙を配ってくれる。

現実を見せられた気がした。こちらが好印象を持った女性からはほとんど無反応で、記憶にない女性から好印象を持たれていることがはっきりと示されていたからだ。皮肉なものだ。

この後二回行われたフリータイムでは頑張って女性たちと会話をしたが、結局後半戦スタート時のつまずきがアダになり、自分が希望する相手はほかの男性を選び、記憶にない女性からアドレスをもらうというミスマッチで終わった。

ただし、婚活パーティーとはどういうものなのか——要領は理解できた。次に参加すれば出会いをつかめる手ごたえがあった。

こうして、世の中にあるいい出会いやそうでない出会いを、婚活パーティーでも、身をもって知ることになる。

パーティーの質は向上している

婚活パーティーの実態に私が最初に触れたのは、二〇〇六年頃だった。当時レギュラーで仕事をしていたジャーナリスティックな雑誌で、恋愛や出会いの特集の取材と執筆を何度も担当したのだ。その頃すでに日本人の有配偶率は加速度的に低くなり、少子化が深刻な問題とされていた。

国勢調査によると、男性の有配偶率は三十〜三十四歳で五一・八%、三十五〜三十九歳で六三・八%、四十〜四十四歳で七一・八%。女性は、三十〜三十四歳で六〇・四%、三十五〜三十九歳で七〇・五%、四十〜四十四歳で七五・九%（二〇〇五年調査。調査は五年に一度で翌年に公表なので、この本の執筆時は最新データ）。

つまり、三十代男性の五割近く、四十代男性の約三割、三十代女性の四割近く、四十代女性の四人に一人がシングルということになる。

都市部のシングル率はさらに高く、離婚経験者を含め、三十代男性の約五割、三十代女性の約四割がシングルという報告もあった。

その時に取材をしたのが、Ｅという婚活パーティー会社だった。

取材をするまでは、婚活パーティーを主催する会社に対してネガティヴなイメージを持っていた。テレビのお笑い系バラエティー番組の影響で、一九九〇年代にこの種のパーティーが乱立し、学園祭のノリでエンタテインメント的に運営されていると思っていたからだ。また、五人の女性参加者に対して男性参加者が二十人というアンバランスこの上ないパーティーもふつうに行われたという。

しかし、Ｅ社を取材した印象では、企画も運営も実に誠実に行われていた。パーティーでの男女比率、年齢や年収など参加条件のチェックも厳しかった。

取材によってわかった、婚活パーティーの質が向上した理由は、まず、パーティーが乱立した九〇年代から約十年を経て質の悪い会社や費用対効果の低い会社が淘汰されたことだ。

また、社会学者の山田昌弘氏とジャーナリストの白川桃子氏の二〇〇八年の共著『「婚活」時代』によって「婚活」という言葉が生まれ、一般化し、〝結婚活動〟することが恥ずかしくない社会に変わってきた。

『「婚活」時代』によると、現代の日本の晩婚化、非婚化は切実で、就職活動と同様に、積極的な結婚活動、つまり婚活が必要な時代だとされている。能動的な動きをせずに結婚に到達するのは難しいということが理詰めで示され話題になった。

こうした世の中の意識の変化によって、女性の婚活パーティー参加者が増え、会場を訪れる男女の数的バランスが整った。

そして、不況の深刻化によって五十歳未満の男性の八割以上が年収四百万円未満という時代が訪れ、多くの男性は積極的な活動なしに結婚相手を見つけることはできなくなった。女性も、待っているだけでは経済的に安定した結婚はできなくなった。

なにしろ、年収四百万円以上の男性は五人に一人以下なのである。シングルの男性に限っていえば、さらに少なくなる。女性にとって、自分が求める高い経済力を持つ男性を捕まえるのは至難の業《わざ》だ。それが明確になり、周囲の目を気にせずに婚活ができる世の中になった。

「世間の目などかまっていられない」

そんな切迫した結婚難が、婚活パーティーの現場の充実につながった。

公務員系のカップル率が医師系より高い理由

では、婚活パーティーで、男女は本当に出会えるのか？

婚活パーティー会社の取材では、当時の現状をひと通り聞いた後、単刀直入に質問した。名前は絶対に明かさないという約束を交わして聞くと、取材したすべてのパーティー会社のスタッフが「出会えます」と明確に回答した。その中でも、Ｅ社のスタッフの言葉には説得力があった。

「いくら仕事とはいえ、本当に男女が出会えて、幸せになる人がいなければ、少なくとも僕はこの仕事を続けられません。モチベーションが保てないからです」

はっきりといった。

そのときの取材内容を総括すると、男女各約二十名、計約四十名が参加するパーティーでは、平均五組のカップルが生まれるという。ただし、もちろん、その五組が結婚するわけではない。交際に至らないケースがほとんどだろう。各社追跡調査をしてはいないので、後の流れはわからない。

しかし、まちがいなく出会いはある。ただし、パーティーのタイプによって、カップルの成立数にはかなりのばらつきがあるらしい。

まず、参加者の年齢が高いほど、カップルになる数も多い。真剣度が高いからだ。また、「公務員&教師限定」といった、安定した職業を条件にしたパーティーもいい数字になるという。

逆にカップル率が低いパーティーは、男性ならば「医師&弁護士限定」、女性ならば「秘書&受付限定」など。つまり、人気職業系はなかなか成果が上がらない。

「パーティー会場で参加者の方々の様子を見ていると、お医者さんや弁護士さんには、パーティーに参加しても自分から積極的に女性と話そうとする方が少ないんです。プライドが高いのか、ほとんどの方が女性からのアプローチを待っていらっしゃる。女性側は、最初、近づいていいのかどうか迷います。そして、ようやく会話が始まるころ、すでにパーティーは終盤にさしかかっています。高収入で社会的なステイタスが高い職業の方は、まだいくらでもチャンスがあると思っているのかもしれませんね」

そういうパーティーを選んで参加している女性のほうにもうまくいかない理由はあるという。

「最初から職業に魅かれて参加されているわけですから、相手の人柄と向き合おうという意識が希薄なのでしょう」

逆に、女性の条件が「秘書&受付限定」「モデル&客室乗務員限定」のパーティーは、ナンパ目的の男性が多いのだという。そちらも当然カップル成立率は低い。

ただし、そういうパーティーは、パーティー会社にとってはドル箱なのだという。参加費を高く設定でき、さらにカップル成立率が低いため、参加者がリピーターになってくれるのだ。

また、一年間のうち、カップル成立数が多い時期はある。バレンタインデー前、ゴールデンウィーク前、クリスマス前だ。

「この三つの時期は、参加者数が倍増します。特に女性は早くから申し込んでくれます。男性よりも女性のほうが、イベントを一人で過ごすのを避けたい意識が強いのでしょうね。そして、女性参加者が多ければ、男性参加者も集まります。パーティー前日、もしくは当日、女性参加者が多いことを男性に対してメールや電話などでアナウンスすれば、男女ほぼ同数のパーティーにするのには苦労しません」

源泉徴収票まで提示

私はかつて取材をしたE社のパーティーにも参加してみた。今度は仕事ではなく、あくまでも個人的な目的、パートナーを見つけるためだ。

パーティーのシステムはD社とほぼ同じだが、E社のパーティー会場はホテルの宴会スペースである。そして、参加資格のチェックはより厳しかった。

私が参加したのは「男女とも三十代・四十代」で、男性は、大卒で年収七百万円以上という条件が付いていた。

ほとんどの婚活パーティーは、受付でのチェックは甘い。運転免許証などを提示して本人であることと年齢詐称がないことを証明するだけだ。チェックを厳しくすれば、それだけ参加者は減り、ビジネスとして成り立たなくなる。学歴や年収の確認は、申し込みの時の自己申告だけで済む。

しかし、Ｅ社は違った。参加時の書類チェックを他社よりも厳しく行っていた。パーティー当日は大学の卒業証明書と源泉徴収票の写しが必要なのだ。

しかたがない。しぶしぶ持参した。

卒業証明書を出身校から取り寄せるのは面倒なので、ネット婚活の時と同じように卒業式の時にもらった卒業証書だ。ただし、実物は大きいので、折りたたんだコピーの持参で認めてもらった。また、源泉徴収票は当然その年のものはないので、パーティーに参加した前年のものだ。参加条件の年収はクリアしていた。ただし、自営の源泉徴収票の数字は、サラリーマンのそれとは違い、純粋な収入ではない。売り上げだ。つまり、現実的な年収は額面よりもかなり低い。

男性に対してこれだけ厳重なチェックがあるパーティーならば、女性は安心して参加できるだろう。一方、男性の立場からいえば、見ず知らずのスタッフに源泉徴収票の写しを見せるのは、気持ちのいいものではない。

婚活パーティーの受付を担当するスタッフの多くは、二十代のいかにもアルバイトという感じの女性だ。私が参加した日のスタッフは、源泉徴収票を見せても、そのどの部分をチェックすればいいのか、よく理解していなかった。当然、確認に手間取る。その間に後ろにはほかの参加者の列が伸びる。肩越しに何気なくのぞかれる。

「個人情報なので、速やかにチェックしていただけませんか」

受付の女性に、できるだけ感情を抑えて頼んだ。それでも、もたもたしている。参加者を厳しくチェックするのならば、スタッフの教育にも手間をかけるべきだと感じた。

E社のパーティーでプロフィール用紙に記入する項目は、D社と比較するとやや少なかった。出身地、資格と特技、食べ物の好み、喫煙と飲酒について、旅行したい場所、音楽の好み、好みの異性のタイプ、家族構成、よく遊びに出かける街、などだ。

パーティーには中毒性があった

複数のパーティーを体験してほどなくわかったことだが、パーティー参加は常習化する。一度参加すると、また行きたくなるのだ。次はもっとうまくいくと思えてしまう。婚活パーティーは、受験に失敗して浪人をした十代のときに常習化したパチンコに似ていた。パチンコは、トータルでは負けていても、ときどき勝つと、何となくうまくいっていると錯覚してしまうものだ。

「次は勝てる」

希望的観測も抱いてしまう。負けの日でも少しは玉が入るからだろう。しかし、次もやっぱり負ける。

「あと一回でやめよう」

決心する。すると、次は不思議と少し勝つ。

結局やめられない。

負けて悔しい気持ちで帰る日も、ほかの台で儲かっている客の姿が視界に入る。あれもいけない。

「次はオレが勝つ番だ」

根拠もないのに、思ってしまう。

婚活パーティーも同じだ。参加すれば、そこには何かしらチャンスが転がっていると感じてしまう。実際にチャンスがないわけでもない。何しろ、自分と同じようにパートナーを探すオシャレをした女性が目の前にうようよいて、しかも次から次へと自分と会話を交わすのだ。その日はダメでも、次はうまくいくように思えてしまう。

「今日は運がなかった」

自分に都合よく考える。でも、次も出会えない。

「あと一回でやめよう」

ようやく決心する。すると、次回は不思議と出会いがある。デートもする。しかし、関係は長くは続かず、またパーティーに参加する。そのくり返しだ。

この〝パーティー中毒化〟のスパイラルには、さらに罠《わな》がある。

せっかく出会っても、その貴重なチャンスを長続きさせようとする意志が希薄なのだ。ちょっとでも相手と心の行き違いが生じると、関係を放棄してしまう。

「パーティーでまた新しい相手を見つければいいや」

そう思ってしまうのだ。

ギャンブルでいう「勝ち逃げ」をすればいいのに、それができない。そこに、パーティー会社も巧みに誘いをかけてくる。次のような勧誘メールが来るのだ。

〈このメールを受け取られた方は、本日○時に○○で行われるパーティーに千円割引でご優待いたします。今回のパーティー、現在なんと、女性の参加者が男性より十人も先行している状況です〉

「女性の参加者が先行」という部分は、悪魔のささやきだ。女性には、男性が多い日に

「男性の参加者が先行」というメールが届いているのだろう。

今日は忙しいから無視しよう――そう思ってもつい電話をして確認してしまう。

「先ほど本日○時に○○○で開催されるパーティーの優待のメールをいただいた者ですが、本当に女性の参加者のほうが男性よりも多いのでしょうか？」

この問い合わせをした時点で、すでにパーティー会社の術中にはまっている。参加は決まったようなものだ。

このようにしてパーティー中毒者《ジャンキー》になっていく。

実際にパーティー会場へ行くと、やはり勧誘メールを振りきれなかったのだろうか、自分と同じようなパーティー中毒者の男女がいる。以前も会場で見かけた顔がいくつもあるのだ。

異性はともかく、同性とは会話は交わさないので、名前も職業も知らない。それなのに、目が合うとかるく会釈をしてしまう自分が悲しい。

だからといって、パーティー会社に対して悪感情は芽生えない。心強い味方に感じてしまう。実にうまくできたしくみだ。

この婚活パーティー中毒化のスパイラルでも、ネット婚活同様、さまざまな個性的な女性たちに出会った。航空会社の客室乗務員、モデル、声優、銀座のホステス、エステティシャン、など、女性たちの職業も多岐にわたっていた。

下心に負け、ついついブランド品を購入

強い香水の香りに頭がくらくらした。かたわらではエステティシャンのミカさんが高級ブランドのグレーのカーディガンを試着している。

「サイズ、ぴったりですねえ」

銀座の老舗百貨店。女性の店員が営業用の笑顔で勧める。この日、自分が婦人服売り場を訪れることになるとは思ってもいなかった。

「欲しいなあ」

グラビアアイドルのような容姿のミカさんが、きらきらしたまなざしをこちらに向ける。ワンピースの胸元は大きく開き、いわゆる〝ハミ乳〟状態だ。胸の谷間をのぞきそうになり、あわてて目をそらした。

「じゃあ、そのカーディガンだけだよ」

気の弱い私は拒否することができず、ついいい顔をしてしまう。

値札をちらりと見ると、五万円台の数字が打たれていた。

「まあ、いいか……」

すでに冷静な判断はできず、完全に相手の術中にはまっている。

ミカさんとは、その一週間前、銀座で行われた婚活パーティーで出会った。彼女は二十二歳。十八歳下だ。

「すっごくタイプですぅー」

そういわれ、鼻の下を伸ばし、パーティー終了時に連絡先を交換した。

「週末、会いたいなあ」

ハートの絵文字付きメールにうきうきと出かけてきて、二人でご飯をするのかと思ったら、まんまと百貨店のブランドショップに連れて行かれたのだ。

カーディガン購入後に入ったレストランでの食事中、ミカさんは化粧室へ行った。ほかにもどこかへ寄ったのか、誰かに電話をかけているのか、店で待つこと十分、十五分……。この時間が私に冷静さを取り戻させた。そして、仕事関係の後輩、イシグロに電話をして状況を話した。

イシグロは、十五歳年下の女性だが、私の〝恋愛の師匠〟である。ネット婚活で共闘したイソベ同様、仕事の後輩だ。かつては、こちらが指示をして、仕事も教えた間柄。しかし、今は完全に上下関係が逆転している。

新しい出会いがある度に、私は彼女への報告を怠らない。自分の判断に自信が持てないからだ。恋愛がいい方向へ進むために、毎度イシグロの指示を仰いでいる。彼女はおおむね客観性ある指摘をしてくれる。恋愛の師匠は、男性よりも女性のほうがいい。世代も違うほうがいい。そのほうが的確で厳しい意見がもらえる。

「ふう……」

電話の向こう、〝師匠〟があきれ果てたようなため息をつく。

「今から私がいう通りにしてください。いいですね?」

「はい……」

「まず、すぐに店を出る」

「はい」

「それから電車に乗ってふた駅先で降りて、もう一度電話をください」

「はい……。オレ、今、やっぱり、ドジ踏んでるよね」

「いいから、一刻も早くその場を離れてください」

　素早く食事代を支払い、彼女の指示どおり二つ先の駅まで移動して再度電話をすると、いきなり罵倒された。

「バッカじゃないですか！」

「はあ……」

「はあ……じゃないですよ！　学習能力ゼロ、ですね」

　実は以前も二度、きれいな女の人にプレゼントを買い、逃げられている。一人目は大手旅行代理店勤務の女性で、七万円のブーツと十万円のスーツを買った。二人目はメーカーに勤める女性で、八万円の財布と十万円のバッグを買った。イシグロはそのことをいっているのだ。

「で、そのカーディガンは？」

「あっ、今、オレ、持ってる」

「よかった。不幸中の幸いですね。明日、私が返品に行ってあげますから、持って来てください。その店に自分で行くの、恥ずかしいでしょ？」

「はい！」

翌日、イシグロにこんこんとさとされた。

「きれいな女性に誘われたからって、のこのこ出かけていっちゃダメですよ」

「はい」

「二十二歳の女の子が四十代のオヤジに近寄るには恋愛とは別の理由があるの、よーく肝に銘じてください」

「はい」

婚活パーティーには、ときどき、そこに不似合いなきれいな女性がいる。ミカさんがそうだったし、ブーツの女性も財布の女性も、同じ部類だ。

ブーツとスーツの女性は「一緒に旅行に行きたい」というので、期待に胸ふくらませていると、どうも様子がおかしい。行き先はハワイ。エアはビジネスクラス。なぜか泊まるホテルは別。行動も、食事以外は別。しかし、旅費交通費はこちら持ち。あわててやめにすると、連絡が途絶えた。

財布とバッグの女性は、それらを彼女が使っているのを見たことがなかった。

「大黒屋行きでしょうね」

あの時、師匠のイシグロはいいはなった。大黒屋というのは、ブランド品を扱いチェーン展開している有名な質店だ。

結局、ブーツとスーツの女性とは手もつないでいない。財布とバッグの女性は、触れたか触れないか程度のキスを一度だけさせてくれた。

さて、エステティシャンのミカさんはというと、私がレストランから突如として消えたので、ケータイに何度も電話やメールが来た。

「絶対に電話に出てはいけません。無視してください」

このイシグロの指示に忠実に従ったが、電話の着信履歴はトータルで十五回、メールの受信履歴は七回あった。

「カーディガン、郵送してもらえませんか」

最後にミカさんのかわいらしい声でメッセージが録音されていた。

〈ごめんなさい。カーディガン、いつもお世話になっている近所の定食屋のオバチャンにあげてしまいました〉

メールでレスポンスをして、すぐにミカさんを着信拒否設定にした。

銀座のホステスとつきあったが……

エステティシャンのミカさんもそうだったが、婚活パーティーには、「なぜこんなところに、こんなきれいな人が！」と驚愕するほどの容姿の女性がいる。しかし、きれいな女性がパーティーに参加するには、それなりの理由があるものだ。

銀座のクラブでホステスをしている三十歳のサヤカさんをパーティー会場で見た時も、自分の目を疑った。どう考えても婚活パーティーには不似合いな美しさだったからだ。自宅が近いことから、前半の自己紹介タイムから会話が弾んだ。その日のうちに食事をして、何度目かのデートでお台場へ出かけた。

そして、彼女の告白に、こちらのテンションは最高潮に達してしまう。

「私、お話ししておかなくてはいけないことがあるんです」

うつむき加減でいたサヤカさんは、表情を曇らせ、小さく宣言した。食事の後、ベンチに並んで海を眺めていたときのことだ。

「何？」

彼女の横顔を見つめる。顔は小さく、瞳が大きく、フランス人形のように美しい。

「実は、私、顔を少しいじっています」

「えっ？」

何を打ち明けているのか、すぐには理解できなかった。

「目の周囲、メスを入れているんです」

「……つまり、整形しているということ？」

彼女はかすかにうなずき、瞳を濡らした。

その瞬間、猛烈に欲情してしまった。

男は、女性に羞恥を見せられると、どうしようもなく興奮するものだ。その人が美しければ、興奮度は倍増する。

たとえば、女性を口説いてホテルに入ったとき、自分からさっさと服を脱がれると、味気なく感じ、冷静にもなる。ところが、「いや……」と恥ずかしがられ、抵抗されると、たまらなくテンションは上がる。

同じ意味で、サヤカさんの整形の告白は、こちらをその気にさせるには十分すぎた。

そして、その夜から、狂ったような日々が始まった。ひと度自分の秘密を打ち明けてしまうと、彼女は感情や欲求をそのままぶつけてくるようになったのだ。

「私、毎日会いたい」

美しい女性にそういわれたら、男は有頂天になる。

「オレも会いたいよ」

ついいってしまった。うかつだった。サヤカさんは本当に毎晩家にやってきたのだ。

彼女の仕事はホステスだ。夕方から身支度をして夜八時すぎに出勤し、仕事が終わるのは午前零時過ぎ。それから来るので、いつも深夜一時をまわっている。しかも、さんざん酔っ払いの相手をした後で、常に興奮状態だ。

それに対し、こちらは昼間もふつうに働いている。彼女が現れる頃には充分に眠い。

両者のギャップは大きい。

しかし、そんなこと、彼女はまったく気にかけてくれない。

「駅に着いたから迎えに来て！」

毎晩電話がかかってくる。いわれたとおり迎えに行くと、派手なドレスとウィッグで、満面の笑みの彼女が改札を通過してくる。いつも元気一杯だ。

「毎日会わなくてもいいんじゃないの？」

二週間ほどして提案すると、ものすごい形相でにらまれた。

「私に会いたくないの！」

震え上がった。女性は、美しければ美しいほど、怒った時の顔は怖い。

「いえ、会いたいです！」

「そうよねえ。好きならば、毎日顔を見たくなるのが当然だもの」

いく度かの整形でお金のかかった大きな瞳を近づける。

「でも、愛情の問題ではなくて、オレ、毎日寝不足で、身体がつらいんだけど……」

「私のほうがあなたよりもつらいと思うわ！」

一蹴された。

会った時、なぜこんなにきれいな人が婚活パーティーにいるんだ？ なぜ彼氏がいないんだ？ と不思議に感じた。しかし、その理由がわかってきた。

深夜二人で話をしていても、私は睡魔に負けて知らず知らずのうちに眠りに落ちている。しばらくしてふと目を覚ますと、こうこうと輝く照明をバックにサヤカさんがこちらの目をのぞき込み、にっこりとほほ笑む。徐々に恐怖を覚えるようになった。

「ごめんなさい。もう終わりにさせてください」

出会って三か月くらいして、両手をついてお願いした。すでに、毎日一日中眠くて、仕事への支障が大きくなっていた。昼間に仕事をしていても、いつの間にか眠りに落ちて仕事仲間たちからひんしゅくをかっていたのだ。

サヤカさんにはその状況も話したが、許してはくれなかった。

「あなたは自分のつらさしかいわないけれど、私はもっと苦しいのよ」

いつも同じ主張だ。必ず「あなたよりも私のほうがつらい、苦しい」という。本当にそうなのかもしれない。

がまんできず、私はやがて居留守を使うようになった。すると、ひと晩に何十回も電話がかかってくる。しかも、携帯電話と固定電話へ交互にだ。

そんな状態が二週間ほど続き、ある日、電話はぴたりと鳴りやんだ。ほっとした。

それからさらに一か月ほど経った頃だろうか。仕事から帰宅すると、手書きの文字でファックスが届いていた。

「ごめんなさい。さようなら。

サヤカ」

それだけが書かれていた。彼女がなぜファックスというツールを選んだのかを質問する機会はなかった。

幅広い世代との出会い

婚活パーティーは、ネット婚活と比べると幅広い年齢の女性と知り合える。

インターネットには検索機能がある。だから、ネット婚活の場合は、効率よく相手を探すために、まずは条件で検索をかける。女性が検索の条件で「三十五歳以下」と打ち込むと、四十歳の男性は最初から排除され、プロフィールを読まれることもない。

しかし、婚活パーティーの場合は、会場で対面して「はじめまして」と挨拶をしてから、プロフィール用紙を交換し、年齢や年収や学歴を知ることになる。

たとえば二十二歳の女性とさんざん会話が盛り上がり、その後彼女がふとプロフィールを見て、こちらの年齢を知り、四十代と気づくこともある。こういう場合は、心理的には「歳はだいぶ離れているけれど、まあ、食事するくらいはいいか」となるケースも少なくない。どんな相手でも、プレゼンテーション次第なのだ。

もちろん会話が弾まないケースも多いが、同世代だって、相性が合わなければ盛り上がらないので同じことだ。

ネットがデジタルのツールであるのに対し、パーティーはアナログ。〝ライヴ・パフォーマンス〟なのである。

実際に、ネットでは三十歳から四十歳の女性と対面したが、パーティーではそれをきっかけに二十二歳から四十歳までの女性とデートをしている。

実は婚活を始めた頃は、自分と年齢が近い女性のほうが付き合いやすいと考えていた。歳が離れている女性は話が合わないように思えたし、若い人はわがままだという先入観を持っていた。

しかし、個人差はあるものの、思っていたイメージとは逆で、若い女性のほうが素直で、年齢を重ねるごとに扱いが難しいことが身に染みた。

バブルを少しでも体験した女性は、かなりきちんとした処遇をしないと、満足してくれない。たとえば、最初のデートからごく当たり前のようにランクの高いレストランを希望してくる。

一度目の食事で、銀座のシャネルのビルにあるフレンチレストラン「ベージュ アラン・デュカス東京」のディナーをリクエストされたときには、耳を疑った。二人で六万円ほど。ちょっと高いワインでも飲もうならば、十万円になるお店だ。それは、四十歳バツイチで子どものいる女性だった。また、新宿の高級ホテル、パーク・ハイアット東京五十二階にある「ニューヨーク グリル」を予約してほしいといった人や、汐留のコンラッドホテルにある懐石料理の店「風花《かざはな》」をリクエストしてきた人もいた。どちらも、バブル期をかじった世代の女性だ。私と食事をしたいならば、そのくらいの心づもりはしてちょうだいね――ということなのだろう。

しかし、世代が若ければ若いほどそういう過剰な要求は少ない。

「今日はハンバーガーにしようよ」

などと言ってくる。実に新鮮だ。生きてきた時代が違うとこうも違うのか。そのことが、婚活によってよくわかった。

婚活界はおおむね「女高男低」

婚活パーティーは現代社会の恋愛事情の縮図だ。参加を重ねる度に、その思いは深くなった。

はっきりいってしまおう。

「女高男低」なのだ。

女性には、こちらが不思議に感じるほど魅力的な女性がけっこういる。

「なぜこの人にパートナーがいないのだろう？」

いつも不思議に思う。容姿も悪くなく、身なりもきちんとしていて、話し方に知性も感じる女性は珍しくない。

それに対して、男性の参加者にはなかなか強烈な人が多い。髭をきちんと剃っていない人、眉毛ぼうぼうの人、過剰に肥満している人、など。男性とは基本的に会話はしないので、人によっては魅力的な内面を持っているのかもしれないが、少なくとも外見からは判断できない。

「オレが女だったら、こいつとキスは無理だなあ」

そう感じてしまう。

この状況は、そのまま自分の周囲にも当てはまる。

三十代以上のシングルの女性、さらには彼氏のいない女性で、魅力的な人はかなりいる。しかし、同じ世代のシングルの男性のほとんどはそれなりだ。彼女がいなくても不思議ではない。

仕事で知り合う女性に、よく、男女同数の飲み会、いわゆる〝合コン〟のセッティングを頼まれる。しかし、なかなかリクエストには応えられない。数をそろえるだけならばできるが、女性チームに満足してもらえる質の男をそろえるのは困難だ。

その縮図が婚活パーティーの会場だ。

ならば、男のほうが身なりや態度で頑張れば、いくらでも出会いが生まれるかというと、そうでもない。出会ったばかりで気をつかっている時期はうまくいっている気がする。しかし、三十代や四十代は自我が育ち切っている。好き嫌いも明確だ。デートを重ねると不満が生まれてくる。長期間相手に合わせていくのは、たやすくはない。

そして、男性の場合は性欲の変化の問題もある。十代や二十代のぎらぎらしている時期は、ちょっと好みの女性ならば、かんたんに〝機能〟する。

しかし、個人差はあるものの、三十代、四十代のどこかで状況は変わってくる。精神的にも肉体的にも相性がよくないと、ベッドの上で継続して機能させるのは難しい。つまり、毎回、ベストの状態とはいえないのである。

声優さんもいた

目の前で、ナナミさんの瞳が潤んでいる。

青山通りと骨董通りが出合う交差点。時計の針は午前二時を回っていた。今晩は関係を進めるしかない——そう感じていた。

ナナミさんは三十歳の声優。アニメ系の仕事が多いという。職業のせいだけではないと思うが、年齢よりも五歳は年下に見える。身長は百五十五センチくらいか。肩にかかるほどの長さの髪が夜風にさらさら揺れている。

彼女とは、渋谷のホテルで開催された婚活パーティーで知り合った。その日の帰りにカジュアルなカフェレストランで食事をして、会うのはまだ二度目だ。

「今日、どうする?」

身体を寄せ、乞うような瞳で見上げてくる。

「ホテル、行こう、か?」

「うん……」

そうと決まったら、彼女の気が変わらないうちにできるだけ近いホテルにチェックインしてしまわなくてはいけない。クールな表情を無理矢理つくり、頭の中の〝ホテルマップ〟を必死にさぐる。

この後の関係をきちんと築くためにも、するためだけのラヴホテルは避けるべきだ。ならば、国道二四六号線を渋谷から下り左手にするか、井の頭線渋谷駅の上にするか、もしくは、赤坂から紀尾井町方向にかけて並ぶどれかにするか。

結局、赤坂にあるホテルのうちの一つにした。携帯電話の電話帳で五十音順の最初「ア行」にあったからだ。急な展開でこうなったので、ゆっくり選ぶ余裕はなかった。

少なくとも、ここまではうまくいきすぎていたくらいだ。

しかし、結論をいうと、ダメだった。私のアレが機能しなかったのだ。

ナナミさんは、仕事柄、アニメ声である。もしくは、アニメ声だからアニメの仕事を選んだのかもしれない。話している内容はまともだ。それどころか、実に知性を感じさせる女性だ。こちらよりもはるかに理路整然と話をする。

しかし、声はアニメ系なのである。その声で、ベッドの上でしゃべられて、私のモノは萎えてしまった。フルーツ模様の下着も私にはダメだった。

彼女は三十歳。充分に大人なのに、子どもにいたずらをしようとしているような気持ちになったのだ。

「どうして？　どうして？」

だらーんとしている私のアレをナナミさんは指でつつく。しかし、まったくいうことをきいてくれない。

「私、初めての人には、ここまでのことはしないんだけど……」

そういいながら、さまざまなご奉仕をしてくれた。心の優しい女性なのだ。それでも、ついに私のアレが元気を取り戻すことはなかった。

「ごめんなさい」

素っ裸のままベッドの上に正座をし、頭を下げた。

翌週、再びトライしたが、同じ。

その数日後も同じ。

「オレ、ひょっとすると、もう一生分を使い果たしたのかも。ほら、男の量って、樽一本とか、一升瓶三本とか、いうじゃない」

「そういうものなの？」

「たぶん。古くからの言い伝えはほとんど真実だからね」

コントみたいな会話だが、切羽《せっぱ》詰まった状況だと、相手も真剣に受け止めてくれる。話しているこちらも本当に全部使い果たした気がしてくるから不思議だ。いずれにしても、「あなたの声が苦手なんです」とはいえなかった。

男女の関係は難しい。たとえ人柄に魅力を感じても、容姿にも魅力を感じても、ベッドの上での相性が合わなければ、幸せな関係は築けない。そして、そこには生理的な要素がかかわってくる。理屈ではないので、ベッドに入ってみるまではわからない。

日常の中の出会いであっても、婚活パーティーであっても、ネットであっても、ベッドの関係までいかなくては、結婚までは到達できない。そのプロセスを省いて結婚の判断をすると、その後に予想外の何かで苦しい思いをする心配がある。

欲望むき出し系と極端な奥手の二極分化

私が婚活パーティーで苦戦している間、年齢詐称女のリカコさんはモテ路線を一直線に進んでいた。彼女の自己申告によると、婚活パーティーに参加する度に毎回十人以上の男性に交際を求められるらしい。

「パーティー前半の自己紹介タイムが勝負。集中を切らさずに、参加している男性一人一人としっかりと目を合わせるの。相手が私の好きなタイプじゃなかったとしても、きちんと話を聞く。ときおりうなずきながら、ね。それで、その人の仕事でも、趣味でも、自信がありそうなことに、素敵ですね！　っていえば、もうイチコロ」

豪語した。

「でも、それ意味あるの？　だってさ、参加している男性全員から好かれなくてもいいんじゃないの？　興味がある男性とだけ仲よくなれれば充分だと思うけど」

そう反論すると、いきなりキーッ！　と怖い顔をされた。

「あなたとは違って、私にはプライドっていうものがあってね、そこにいる男性全員に気に入られなくちゃ嫌なの」

なるほど、パートナーを見つけるよりも、自分のプライドが満たされることが優先されるらしい。難しい性格なのだ。

「で、魅力的な男性とは知り合えたの？」

「それがさあ、ぜーんぜん」

急にしゅんとしてしまった。

彼女の体験によると、婚活パーティーに参加している男性は二極分化されるのだという。極端な欲望むき出し系と極端な奥手だ。

一緒にパーティーに参加した日、彼女はさっそくデートに誘われたらしく、三十代後半の長身の男性と仲よさそうに会場を後にした。彼の仕事は何と船長だと聞いていた。

「あのときの船長は？」

「あっ、あれ、最悪。パーティーにクルマで来ていてね。食事に行ったんだけど」

「初対面の男のクルマに乗ったの？　危険なんじゃないの」

「そう。うかつだったわあ……」

食事の後、彼に「もう一か所だけ付き合ってください」と懇願されて、連れて行かれた場所は夜の東京湾の埠頭《ふとう》だったらしい。クルマから降りると、周囲はまっくら。そこで、いきなり後ろから抱きしめられた。そのときに彼の硬いモノがはっきりと背中に当たったのだという。

「なんかさあ、アレがすごく熱いの。怖かったあ。帰らせてください！　っていって、最寄りの駅で降ろしてもらった。クルマから降りるまでは、絶対に気を抜かなかった」

まあ、自業自得だ。クルマに乗ったのがよくない。しかも、「船長」という職業も、怪しかったらしい。船のことを質問しても、はぐらかされるばかりだったそうだ。

「そうかと思うと、二度三度デートしてもなーんにもしてこない人もいたよ。手もつながないし、交際も申し込んで来ない。ただ、ご飯食べて、仕事の話を聞かされて。でも、そんなよその社内事情なんてぜんぜんおもしろくないでしょ。たぶん、私、すごく退屈な表情をしていたと思う」

大手都市銀行に勤めている四十代の男性だったという。年収は二千万円近かった。ただ、容姿はよくなかった。かなり肥満体型だったのだ。

「でも、五回目のデートの後、向こうから断ってきたの。あなたには僕よりももっとふさわしい男性がいると思います、だって。バッカみたい。パーティーでは自分から申し込んできたのにさあ。自分で勝手にあきらめてるんだよ」

食事代を請求してきたセコイ男

リカコさんの話を聞いていて気づいたことがある。

結婚難の時代、女性はパートナーを見つけることができず、生涯一人で生きていく可能性も想定して暮らしている。それには経済的な自立が必要だ。だから、仕事の場でスキルを磨き、ステージを上げていく。

リカコさんも例外ではなく、フリーアナウンサーとしての仕事をしながら英語のスキルも上げてきた。その努力が実り、仕事のチャンスは加速度的に増え、英語が必要とされるイベントや講演会など幅広く司会を依頼されるようになった。

このこと自体は素晴らしい。しかし、仕事のスキルを上げると、どうしても、プライベートで縁遠くなる。

日本人の男性はおおむね封建的だ。女性に対して自分のほうが優位に立ちたいという願望は根強い。だから、自分より優秀だと感じる女性を敬遠する傾向がある。イニシァティヴをとれないからだ。

つまり、女性は、生きていくために頑張れば頑張るほど、仕事のスキルやステージを上げれば上げるほど、縁遠くなっていく。皮肉なものだ。

さて、このリカコさんのパーティー婚活にはオチがある。

八歳も年齢を詐称していたことが、一人の男性の逆鱗《げきりん》に触れたのだ。

〈あなたは年齢を八歳もサバ読んで私に食事をご馳走させました。あなたがしたことは完全な詐欺行為です〉

三回だけ食事をした男性から、突然、このようなメールが送信されてきた。そして、三回の食事代の約半額、一万五千円を指定の口座に振り込め、というのである。

〈三日以内に振り込みが確認されない場合は、少額訴訟します〉

とも書かれていた。

〈本心をいうと、食事代の全額と無駄な時間を費やした分の請求もしたいところですが、半額、つまりあなたが飲食した分のお支払いで解決としますので、前向きにご検討ください〉

その男性、歳のごまかしによほど腹が立ったのだろう。

しかし、それにしてもセコイ。八歳もの年齢詐称を見破れなかった自分も愚かだったのではないか。まあ、だからこそ腹が立ったのかもしれない。自分の失敗を悔やみ、そのいらだちをどこかで処理しなくては、心の帳尻が合わなかったのかもしれない。

リカコさんのほうは自業自得だ。ついてはいけない嘘をついたからこういう事態になった。結局、彼女は先方からの連絡を絶ち切るために、一万五千円を振り込むという選択をした。その後もいろいろと要求される可能性を想像し、その程度のコストは受け入れよう、と考えたわけだ。そして、入金するなり、メールでそれを報告し、携帯電話を着信拒否に設定した。

ここにもいるナンパ専門の男

第1章のネット婚活編では、次から次へと女性と関係をもった公営ギャンブル選手について書いたが、婚活パーティーにももちろんナンパ目的の男はいる。パーティーに参加している男は、少なくとも実社会でもてていない。だから、会場にはすごくかっこいい男はいない。つまり、ある程度容姿がよければ、もしくは会話が上手ならば、女性をお持ち帰りすることもできるのだ。

実際にパーティーに参加すると、いかにもナンパが目的な男はいる。そういうナンパ男は身にまとっている雰囲気ですぐにわかるが、ふだんから男友達が少ない女性、もしくは男性との交際経験が少ない女性だと、だまされるかもしれない。

ナンパ目的の男のチェックポイントを服装や会話などからここで具体的に提示するの

は難しい。しかし、とにかく、いかにももてそうな男、容姿もよく年収も多く、「この人、なんで婚活パーティーに参加しているんだろう?」と感じたら、ナンパの可能性を疑いながら会話をするべきだ。婚活パーティーは、受付で本人確認はしているものの、未婚か既婚かのチェックはない。既婚者でもかんたんに参加できる。

実は、この本を書くために何人かの同業者に相談してアドバイスをもらっているが、その中にも一人、婚活パーティーでナンパをしまくっていた雑誌編集者がいた。

当時の彼は四十代前半。十分にオヤジの年齢だ。しかも妻子あり。いわゆるイケメンではない。それなのに、なぜかいつも若い新しいガールフレンドがいた。その理由の一つが、婚活パーティーをはじめありとあらゆる場所でのナンパだったのだ。

「僕はものすごい数のナンパをしていますから。石神さんが一人口説いている間に、僕は百人には声をかけています。ほとんどは空振りですけれど、百人に声をかければ、そのうち一人くらいは間違えてついてきてしまうものです」

彼は一時期、週末ごとにパーティーに参加していたという。何度も参加すると女性が喜ぶ会話のコツがわかる。それで、どんどん〝打率〟が上がっていった。

さらに、途中からはパーティーに申し込みをせず、〝出待ち〟だけするようになった。

「婚活パーティーは二時間遅刻して参加するのが僕流です」

なんだかムチャクチャなことをいい出した。

「毎週末パーティーに参加していると、一か月に数万円のコストになります。これは懐が痛い。そこで、ネットでいくつかの会社のパーティーの時間と場所をチェックして、終了時間に合わせて会場の前を訪れ、男性とカップルになれずに一人で帰途につく女性に声をかけるわけです」

そこにいる女性はシングルで、彼氏もいない。そして、パートナーを求めている。しかも、パーティーでも出会えず落胆しているタイミングだ。だから、非常に効率のいいナンパなのだという。

「会場にはクルマで行って、好みの女性がいたら声をかけるんです。好みのタイプがいなかったり、何人かに声をかけてふられたら、また別の会場へ移動します。会費は払わずに、何か所もはしごできます」

この執着心と、羞恥心のなさと、根性はすごい。男の視線で見ると、尊敬に近い感情がわいてきた。それだけのエネルギーをもつ男なので、仕事の場でのバイタリティーもすごく、次々と実績をあげている。

ただし、女性はこのタイプの男には十分に気をつけなくてはいけないだろう。

婚活パーティーはふつうの恋愛の訓練になる

結局、婚活パーティーには、ゆうに五十回以上参加しただろうか。すると、自分の傾向がわかってくる。自分が好む女性の傾向はもちろんだが、どういう女性に好まれるのかもリアルな体験によって知ることになるからおもしろい。

私の場合は、これはあまり何度も書きたくはないのだが、容姿はよくない。年収も高くはない。それでも、チャンスはある。そして、同じように容姿に恵まれていない女性に受けるかというと、そういうわけではない。意外にも、きれいな女性から再会を申し込まれることがあるのだ。

「えっ、本当に僕でいいんですか？」

そんな気持ちで話しつつも、会話がはずんだりする。

あらためて書くまでもないことだが、人は自分にないものを求める。きれいな女性が必ずしもイケメンの男を求めるわけではない。ネット婚活と異なり、婚活パーティーはライヴなので、それが理屈ではなく体験としてわかってくる。

婚活パーティーへの参加を重ねることで、ふだんから自分の身の丈以上と思える女性に対して気後れすることなく、ふつうに会話を交わせるようになる。

これは思いもよらぬ収穫だった。

婚活パーティーは社会の縮図だ。日常生活でもてなければ、悲しいかな、パーティー会場でももてない。

しかし、逆の理屈も成立する。

婚活パーティーでうまくいくようになると、日常での男女関係のスキルも上がるのだ。

仕事上の集まりで出会った女性を以前よりも抵抗なく誘えるようになったり。

かつては考えられないようなナンパができるようになったり。

あれは、仕事の空き時間に都内のカフェで資料を読んでいた時のことだ。ふと気づくと、隣のテーブルに、ものすごく好みの女性がいた。私より確実に十歳以上は若い。知性が感じられた。彼女に気づいた後は、仕事など手につかない。ついチラ見してしまい、コーヒーをこぼしそうにもなった。

声をかけたい。しかし、女友達と三人で会話をしている。この状況で話しかけるのは、かなりハードルが高い。そもそも、その女性には彼氏がいるかもしれないし、夫がいるかもしれない。しかし、そこであきらめたら、間違いなく再び会うことはないだろう。

そして、ついに手もとの紙にメッセージをしたためた。

〈突然申し訳ございません！　ものすごくタイプなので、こんなものを渡してしまいました。もしご迷惑でなければ、一度お話しするチャンスをいただけないでしょうか〉

そうつづって、最後に自分の電話番号とメールアドレスを記し、「けっして怪しいものではありません」とつけ加えた。この行為自体、ものすごく怪しいのだが。

彼女はきょとんとしていたが、おそらくよく理解しないままメモを受け取った。横にいた女友達がにやにやしていた。私は緊張で、体中から汗が噴き出していた。

こんなことは過去には一度もやったことがない。おそらく、婚活パーティー体験で初対面の相手にいきなりアプローチすることに抵抗がなくなっていたのだ。

この女性からは、その三週間後に連絡をもらって食事をしたが、思いは実らなかった。しかし、こうした行動をとった自分自身には満足できた。

日本人は、ふつうに生活していると、頻繁に女性を口説いたり、ふられたりはしない。だから、一部の例外的な人種をのぞき、口説くという行為にはかなりの勇気がいる。ふられるのが怖いからだ。しかし、婚活パーティーで口説いたりふられたりの体験を重ねると、少しずつ恋愛体質になっていく。

第3章　男たちはあまりに消極的だった

結婚相談所編

きっかけはダイレクトメール

目の前で食事をする男性、Nさんがいつもと様子が違うことに、キミコさんはさっきから気がついていた。

都内のこぢんまりとした品のいいフレンチレストラン。料理のコースが後半に入り、メインの魚を食べ終える頃から、彼は目に見えて落ち着きがなくなった。

大手製薬会社の研究部門で働くNさんとは、F社という中堅の結婚情報サービスで知り合った。二週間に一度くらいのペースで、もう半年近くもデートを重ねている。

結婚情報サービスというのは、シングルの男女に結婚相手を紹介する会社だ。結婚相談所といったほうがわかりやすいかもしれない。

デザートを選んだ後、Nさんの落ち着きのなさの理由がわかった。

「カタギリさん、あの……、結婚、していただけませんか」

Nさんは淡いピンク色のリボンのかかった小さな箱をこちらにさし出した。「カタギリ」というのは、キミコさんの名字だ。

中をあらためると、ダイヤモンドをあしらったネックレスがあった。こういうものの価値に詳しいわけではないが、七十万円か八十万円というところだろうか。

「指輪にしようかと思ったんですけれど、指のサイズがわからなくて」

Nさんは申し訳なさそうにうつむいた。

相手は真剣だ。失礼だけはあってはいけない。

「ありがとうございます。結婚を申し込んでいただけて嬉しいです。でも、とても大切なことなので、お返事には数日お時間をいただけますか」

その場ではいったが、キミコさんの心の中では結論は出ていた。この目の前の男性と一緒に生きていく自分はまったくイメージできなかった。

キミコさんは三十三歳。職業はスペイン語の通訳だ。日本人ビジネスマンがスペインや南米の太平洋側に並ぶスペイン語圏での会議に出席したり、商談や商品の買い付けに出かけたりする際に同行している。また、逆に、日本を訪れるスペイン語圏のビジネスマンの会話のフォローをするのも仕事だ。

彼女は、中学から都内の有名私立大学の附属に通い、その大学を卒業するまでにスペイン語と英語を身につけ、商社の社内通訳を五年間務めた後にフリーランスの通訳になった。色白の美形。ダンスのインストラクターもやっていて、十代からのバランスのよい体型もずっと維持している。

顔立ちはクールに見えるが、ふとしたきっかけで、実に愛嬌を感じる笑顔を見せる。瞳がきれいだ。ふだんが冷静に見えるからこそ、笑顔のかわいらしさは際立つ。彼女に三年もの間ステディなパートナーがいないことが、友人たちは不思議でしかたがない。

「なんで私には彼ができないんだろう……」

彼女自身、毎日のように考える。

勉強も、スポーツも、人並み以上にはやれてきたと思う。十代の頃から多くの男性に交際を申し込まれた。ところが、この三年はまったく縁がない。その理由がわからず、考え過ぎて苦しくなり、夜も眠れず、窓の外が白々と明けてくることすらある。

そんな彼女が結婚情報サービスのF社に登録したのは、ダイレクトメールがきっかけだった。ある日、仕事から戻ると、シングルの一人娘を気づかう母親が、そのはがきを差し出した。

お見合いにも共通する安定志向の強さ

さて、第2章までは著者の婚活体験に基づいて話を進めてきた。しかし、ここからは当事者のインタビューで実話を中心に紹介していく。

ネット婚活、婚活パーティーを体験し、うまくいくように感じつつも思うような成果は上がらず、「いよいよ結婚相談所か」と登録を検討する上で、体験者から聞いた話だ。キミコさんは、前章で紹介した仕事関係の後輩で私の〝恋愛の師匠〟でもあるイシグロの友人である。

実は、この本を書いている時点で、私は結婚相談所には登録していない。

その理由の一つは、コストパフォーマンスだ。会社にもよるが、一年間の登録で二十万円から四十万円ほどが必要となる。事前取材の結果、私に関していえば、それだけのコストをかけたところで、望む相手に巡り合えるとは思えなかったのだ。

というのも、結婚相談所に登録する女性は、ほかの婚活ツールと比較して、安定した企業のビジネスマンを望む傾向が顕著なのだ。このあたりは、昔ながらのお見合いにも共通する傾向だろう。

それを考えると、フリーランスの著述業という私の職業は、結婚相談所への登録はハンディが大きい。コストに対するリターンが望めないのだ。費用対効果が低いというのが、入会をためらった最大の理由だ。

そしてもう一つ、毎月先方の判断でリストが送られてきて選ぶ、というシステムが自分の資質に合わないとも感じた。与えられたくないのである。私の場合は、それがたとえネットのプロフィールであっても、パーティーというクローズされた環境であっても、自分の意思で選んで、こちらから近づいていって口説きたいという願望が強い。

そのような理由で、結婚相談所への入会は、見送った。

ということで、キミコさんの婚活体験に話を戻そう。

コストはかかるが、親身になってくれる

「ついに私も結婚相談所のお世話になるのか……」

母親に渡されたダイレクトメールをながめながら、キミコさんは切ない気持ちになっ

た。それでも、その数日後には、彼女はＦ社に登録する。電話をしたとき、彼女に対応した営業の女性スタッフに好感を持ったからだ。

「この人にならば、自分の希望や好みも正直に打ち明けられる」

そう感じた。

「五十代の上品な女性でした。実際に会ってみると第一印象の通りの方で、ビジネスライクなイメージがなく、常に私の気持ちになるように努め、アドバイスしてくれます。たとえていえば、子どもの頃から親しくしている友人の母親と話している感じでしょうか」

入会する際は、本人であることや年齢を証明するパスポートや運転免許証など本人証明、源泉徴収票の写しなど年収を証明するもの、独身証明書などの書類を提出する。

次に、プロフィールを作成する。項目は、年齢、身長、体重、学歴、職業、趣味、など。そして、担当の女性からどんな男性を希望するかのインタビューを受け、それが箇条書きにされた。

キミコさんは男性に対して、二つの条件を希望した。まず、身長が百七十五センチ以上であること。そして、できれば何か専門性の高い職に就いていることだ。

「私は身長が百七十センチあるので、そのバランスで百七十五センチ以上の方をリクエストしました。また、専門職の男性を希望したのは、ツブシがきくと思ったからです。何かの技術があれば、勤めている会社が倒産しても、転職をしても、生きていける、と。それに、通訳の仕事でさまざまな企業の方と接しましたが、経験上、技術系の男性が一番話しやすかったんです」

F社に入会すると、会員の希望をもとに、毎月五人の男性のプロフィールが封書で送られてくる。その中に興味がある異性がいれば、リクエストをし、スタッフが相手側の意思確認の上、アポイントメントをとる。

ただし、この時点でおたがいの顔はわからない。写真も見られない。個人情報保護法で、個人が特定できないように守られているからである。

相手の顔がわかるのは、対面のときだ。会う場所は、F社のオフィスかその近くのホテルのカフェラウンジである。カフェとは異なり、ホテルのラウンジはテーブルとテーブルに間隔があり、周囲の客を気にせずにプライベートに関する会話ができた。

そこで、まずは三十分から一時間、担当のスタッフ立ち合いのもとに会話をする。その後の時間は、二人で食事をしようが、映画を観ようが、もっと関係を深めようが、本人たちの自由だ。

また、こうしたプロセスは、もちろん異性の側にも行われている。自分の情報も複数の異性に送付されているわけだ。だから、月間五人のほかに、異性からの「会いたい」というリクエストも随時送られてくる。相手からの希望で会うケースは規定の五人枠には含まれない。

会費は、一年目は約三十万円。二年目以降も同額だが、二年目からは途中で退会すると、月割りで返済される。つまり、半年で退会すれば、約十五万円は返済される。そのほかに、会員同士で結婚する場合は、約二十万円の成婚料が必要となる。

積極的な男は存在しないのか

最初、キミコさんは、メーカーに勤める五歳年上の男性とのアポイントメントを申し込んだ。システム関係の部署で働く専門職だった。

食事をしたり、映画を観たり、ダーツバーへ行ったり。しかし、それ以上はなかなか関係が進展しない。彼のほうからは手をつなごうともしないのだ。これでは男女の関係は築けない。最初のデートから四か月目を迎えた頃、きちんと話して、それ以上会うことはやめた。時間のロスだと感じたからだ。

次に出会ったのが、三歳年上で大手製薬会社の研究部門で働くNさんだった。

Nさんもまた積極的に関係をつくろうという姿勢は希薄だった。そこで、今度は、自分から手をつないでみた。キスをしやすい状況をつくるようにも心がけた。でも、Nさん主導では何も働きかけてはこない。だから、それ以上の関係にはならなかった。キミコさんは、自分が好かれていないと思った。ところが、突然、結婚を申し込まれたのである。

「びっくりしました。ああ、この人、私のこと、好きでいてくれたんだ、と」

プロポーズされて、初めて知った。うれしい気持ちもあったという。

「でも、どうなんでしょう？　ふつう、一度も一緒にベッドに入っていない相手と結婚をしようとは思いませんよね。手をつないだり、キスをしたり、いくつかのプロセスを経て、さらにお泊りもしてからじゃないと、私は結婚する気持ちにはなれません。結婚してからわかったのでは手遅れになる、ベッドの上での変わった趣味嗜好もあるかもしれないですし。それに、そういった、いわゆる恋愛のプロセスを回避して結婚しようと考える相手とは、たぶんほかの感覚も共有できません」

だから、断った。プロポーズとともに贈られたネックレスもきちんと包み直して返した。

でも、最初から好きじゃなかったのでは？　キミコさんに質問してみた。

「いいかも、とは思っていたけれど。確かに恋愛感情はありませんでした。でも、好きになろうと努めました。好感をもっている相手ならば、努力すれば好きになれるかもしれないと考えたからです」

それで、手もつないだし、キスもしたのだという。

「だけど、やっぱり好きという感情は努力をするようなことではないのかもしれませんね。今ふり返ると、最初に手をつないだ時に、私、ダメかな、と思いました。ふと、この状況を知り合いに見られたくないって、思ったんです。もしも彼のことが本当に好きだったら、他人の目なんて気になりませんから」

キミコさんは、ほかにも、五人の男性と対面はした。しかし、そのうちの誰とも二度目はなかった。明らかに消極的なタイプだったからだ。

入会してもうすぐ一年という頃、登録を延長するかどうか迷いつつ、信頼する五十代の女性担当スタッフに、次は積極的な男性と会いたいと、リクエストをした。

「それはうちでは無理よ」

即答された。

「自分でパートナーを見つけられない男性が登録しているんだから」

それをきっかけに、キミコさんは退会を決めた。

「会社のシステムにも、私を担当してくださったスタッフの方にも、すごくいいイメージを持っていました。でも、私が結婚をしたいと感じるような男性は登録していないことがはっきりとわかったからです」

カウンセリングや性格テストも

「どうしてこんな男ばかりなんだろう」

その日も、エツコさんは憤慨して帰途についた。

家電メーカーの営業職の男性Yさんとは二度目のデートだった。エツコさんは三十二歳。相手の男性は二つ年上で三十四歳。映画を観た帰りに食事に誘われた。連れていかれたのはチェーン展開するカレー店だった。それはそれでいい。気取った店で食事をするよりも、気が楽だった。

しかし、そこで事件が起きた。彼女のカレーの中に黒い小さな虫の死骸が入っていたのだ。エツコさんは、当然、彼が店にクレームをいってくれることを期待した。

向かいに座るYさんの顔を見る。でも、動く気配はない。ただにやにやしているだけだ。

「どうしようか？」

一応Yさんに聞いてみた。

「まあ、小さな虫だし、いいんじゃないの」

あっさりといわれた。虫が入っていたのが自分のカレーだったとしても、何もいわずに食べるのだろうか。聞いてみたかった。

「しかたないので、自分で店の人にクレームをいって、作り直してもらいました。あの時点で、もうYさんとは会わない、会う必要はない、と思いましたね」

レジで店のスタッフは二人に頭を下げ、代金をとらなかった。店を出ると、彼はエツコさんにうれしそうにいった。

「得しちゃったね」

その言葉に唖然とした。

フリーランスでグラフィックデザイナーとして働く三十二歳のエツコさんがYさんを紹介されたのは、大手結婚情報サービスのG社だ。

「三十五歳までには結婚して最初の子どもを産む」

彼女は明確な目標を立てていた。子どもが二人以上いる、温かくてにぎやかな家庭をもつのが十代の頃からの願いだった。

彼女の容姿はかわいい系統だ。明るく温和な性格で友人も多く、二十代までは男性との出会いに困ることはなかった。しかし、仕事で独立をし、部屋にこもって作業する時間が圧倒的に長くなり、男性と知り合うチャンスは一気に減った。仕事が順調に展開して忙しくなればなるほど出会いが少なくなるという、プライベートではマイナスのスパイラルにはまっていったのだ。

忙しい合間をぬってネット婚活や婚活パーティーも試したが、思うような成果があがらず、結婚相談所のG社に登録をした。この会社を選んだのは「大手のほうが安心できそう」という理由だ。

G社も、キミコさんのF社同様、本人の証明、収入の証明、独身の証明などの書類をそろえて登録し、プロフィールを作成するシステムだ。それらに加え、結婚に対する意識テストとカウンセリングもあった。

テストは、相性のいい異性を紹介するために、性格や価値観をコンピューター分析してタイプを分類するもの。カウンセリングは、五十代の女性スタッフによって電話で行われた。質問内容は、好みの男性のタイプや、自分が求める結婚生活などだ。

「二人以上子どもがほしいこと、そのためには年収一千万円以上ほしいことなどを伝えました。ただ、年収一千万円以上の会員は少ないそうです。高年収で、年齢的にもバランスが合い、住まいが遠方でない人となると人数が少なくなり、なかなか紹介できないといわれました。そこで、年収七百万円以上の男性という条件に変更して探してもらうことにしました」

このようなプロセスを経て登録が完了すると、自分のリクエストする条件に近い相手が、毎月紹介される。やはり個人情報保護法で、そこには写真など個人を特定できる情報は記されてはいない。

一か月に紹介してもらえる異性の人数は、二人、三人、五人の三つのコースから選択できる。エツコさんは、五人のコースにした。

「登録するからには中途半端はいけないと考えたからです」

男性側からリクエストがあり、自分が応じれば、五人枠のほかにも会うことができる。また、G社を直接訪ねると、会員のファイルをデジタルのモニター画面でチェックもできる。こちらには写真も掲載されているので、好みの相手を探すのにはとても便利だ。

こういったシステムをすべて合わせて、会費は二年で約四十万円になる。会員同士で結婚することになっても成婚料は支払わなくていい。つまり、相手を紹介し、引き合わせるところまでがこの会社のサービス内容だ。

初対面は基本的にG社内のラウンジになる。男性と女性とスタッフで三十分ほど会話をして、その後はスタッフ抜きで自由に出かける。

三百円を割り勘した男

エツコさんが最初に会ったのは、大手損保の総務系部署で働く男性だった。三歳年上の三十五歳だ。一度目の対面は、平日の夜にG社のラウンジで。ただ、彼女に急ぎの仕事が入り、挨拶程度で別れた。その後何度か電話で話し、初対面から十日ほどして、週末にランチをしながら話すことになった。

しかし、待ち合わせの約束の段階から、エツコさんは彼に対しては腑に落ちない点が多かった。

「明らかに自分の住まいの近くで会おうとするんですよ。しかも徒歩圏で。手間と時間をかけたくないという気持ちが見え見えでした。私が気に入らなくて面倒というならば会わなければいいのに。でも、キャンセルしようとすると、どうしても会おうというんです。根負けして、出かけていきました。どんな態度をとるのか見てやろうじゃないの、という妙な好奇心も芽生えたので」

待ち合わせ場所に、彼はオタクっぽい大きなデイパックを背負って現れた。何が入っているのかは不明だ。一度目に会った時は平日の仕事帰りでスーツ姿だったので気にならなかったが、私服はかなりあか抜けない印象だ。

「私服姿を知るために週末に会うのは大切だなあ、と思いました」

そんな彼に案内されたのは、セルフサービスのパスタの店。チェーン展開しているようだが、エツコさんは知らない店名だった。

「そこで向き合って、三百円のスパゲッティミートソースを食べました。ドリンクもオーダーせず」

会計は消費税も含めきっかり二等分の割り勘に。さすがにあきれた。

「また会いましょうといわれたけれど、その後は電話もメールも無視しました」

ほかにも二十人くらいの男性と会ったが、気になる相手は一人もいなかった。すこしでもときめきを感じなければ、手をつないだり、それ以上をしたりは無理だ。ましてや結婚はあり得ない。エツコさんは二年で退会した。

「会う人はとにかくオタク度が高かった。オタクの匂いがまったくない人は一人もいなかったんじゃないかな。そして、想像力がないことも共通していました。ちょっとでも想像力をもっていれば、自分の言動によって相手がどんな気持ちになるかがわかると思うんですよ。でも、それができない人ばかりでした。だから、無神経な行動や発言を連発します。ああ、この人と一緒にはいられないなあ、と思ってしまいます」

男は即決、女は迷う

結婚情報サービスへの登録を体験した人たちの話を聞くと、婚活パーティー同様、「女高男低」現象が感じられた。

でも、本当にそれが実態なのだろうか？　魅力的な男性は登録していないのだろうか？　そのあたりを、雑誌の取材を利用して、G社、H社、I社という大手結婚情報サービス三社のスタッフに話を聞いた。もちろん個別に、である。

しかし、当然であるが、三人とも「魅力的な男性も登録しています」とのことだった。

そこで質問を変えてみた。

「自分の会社に登録している男性で、あなたが交際してみたいと思う男性はいますか？」

この質問をした理由は、三社とも女性スタッフだったからだ。

すると、三人とも少しの間黙ってしまった。そして、個別に会ったにもかかわらず、まったく同じ回答をしたのだ。

「何人かはいます」

まるで示し合わせたようで、その都度心の中で笑ってしまった。

その中でも、G社の女性スタッフがより具体的に説明してくれた。

「当社に登録している会員に関して、女性会員と比べると、魅力的な男性会員が少ないのは事実です。でも、世間で思われているほどの格差はないと、私は感じています。技術系の男ばかりの職場で働いていて、または海外駐在が長くて、出会いに恵まれずにきた男性も少なくはありません」

ただし、男女の性質の違いによって定着率に差があるという。

「人気のある男性会員の方は、概して退会が早いんです。数人の女性と対面して、気に入った方がいると、さほど迷わずに結婚を決める傾向があります」

まだ登録期間がたっぷりと残っていても、男性は好みの女性と出会うとすぐに退会するのだという。

「正直な気持ちを打ち明けると、私どもとしては、人気の高い男性には長く会員としてとどまっていただきたい。そして、より多くの女性会員と対面していただきたい。こんなに素敵な男性が登録していますよ、という女性会員の方へのアピールになるからです。でも、男性は即決して、やめてしまいます」

それに対して、女性会員のほとんどは迷うのだという。

「女性会員は、相性のよさを感じる男性と出会っても、なかなか決めません。目の前にいる人よりももっと素敵な男性がいるかもしれない、そう思われるみたいですね。私どもがお勧めしても、悩まれる。そうしているうちに、その男性はほかの女性会員とお付き合いを始めてしまいます」

男性は結婚をしても、生活の変化は少ない。仕事は変わらないし、交友関係も変わらない。

しかし、女性は、結婚によって変化することが大きい。多くの場合名字は変わるし、相手が専業主婦を希望していれば仕事も辞めることになるかもしれない。男女では、人生における結婚の重みが違うのだろう。だから、女性はなかなか結婚を決断できないのかもしれない。

婚活によって自分を見つめ直す

マサアキさんは三十七年間、一度も女性と交際したことがない。まったくもてないのだ。変な顔をしているわけではない。身長も百八十センチある。でも、女性に好意をもたれた経験がない。

理由はたくさん考えられるが、最も大きな原因は地味であること——自分ではそう分析している。見た目に覇気がまったく感じられないのだ。でも、どうすればそれが改善されるのか、自分ではわからない。

社会へ出てからはずっと、女性がほとんどいない環境で働いてきた。最初は大手家電メーカーのシステム部門である。約百人の部署で、女性は事務系のスタッフが一人だけだった。

その後リストラの対象になり、転職。アウトソーシング専門の会社に勤め、通信系の会社のカスタマーズ・サポートのスタッフとして働いている。

出向先の大手企業に女性社員はいるが、自分の会社にとっては大切な〝お客様〟なので、仕事のこと以外では気軽に話しかけるわけにもいかない。それに、みんな十歳以上年下で、明らかに自分よりも収入が多いという負い目もある。大手家電メーカーに勤めていた時に六百万円あった年収は、三百五十万円まで減った。生活は苦しい。

「それでも、可能性があるのならば、結婚したいんです。温かい家庭というものをもってみたい」

悩みに悩んで、大手の結婚情報サービスJ社に登録をした。会費は二年間で十五万円。

同じシステムの他社よりも割安だった。また、ローンを組めるのも魅力だった。二年間登録の代金を、三年間三十六回ローンで支払うことにする。

J社では、登録をしてプロフィールを作成すると、こちらの希望にそって毎月五人の女性を紹介してくれる。その中で魅力を感じる人がいたら対面をリクエストする。そして相手が了承すれば、会うことができる。

最初の三か月間、マサアキさんは一人の女性とも会えなかった。リクエストを出しても、断られるばかりなのだ。女性側からの申し込みもゼロだった。

J社は入会してからはほとんど何もいってこない。毎月決まった人数の女性を紹介されるだけだ。

「このままではまったく進展がないと思ったので、週末に自分からJ社を訪ねました。オフィスに行けば、より詳しい会員のファイルを見せてもらえるからです。送付されてくる五人のリストには写真もなくて、どんな女性なのかがわかりづらいんですよ。僕は、必ずしもきれいな女性を望んでいるわけではありません。自分の身の丈をわかっているつもりだったので。でも、思いやりのある女性とは知り合いたい。そして、そういう内面的なことは、きっと顔に現れるものだと思ったからです」

アナログ的手法のメリット

J社に足を運んで相手を探すようになってからは、マサアキさんもぽつぽつと女性と対面できるようになった。自分を受け入れてくれそうなタイプを見つけやすくなったのだ。そして、直接スタッフと顔を合わせて頼むと、そのスタッフから女性に伝える時にも気持ちがこもるのではないかとも感じた。

恋愛や結婚は人と人によるもの。できるだけ思いが伝わるアナログのプロセスを経たほうがいいのだ。

最初に対面できた女性は、小さな事務所で経理を担当する三十六歳の女性だった。

「僕は好感をもったけれど、相手からはJ社を通して丁重なお断りの手紙が届きました。そりゃあ、傷つきましたよ。でも、きちんとした断られ方だったので、相手に対して嫌な感情は持ちませんでした」

二人目は、眼科で受付事務をしている三十八歳の女性。

「やはり断られました。母親が倒れて看病しなくてはならなくなったから、という理由でした」

断る口実だとは感じたが、それはそれで女性の気遣いと思えなくもない。

直接会えても、なかなか結果はともなわない。ただ、対面できる確率は少しずつ上がっていった。オフィスを訪ね、スタッフのアドバイスを受けて自分なりに傾向と対策を練るようになったからだと、マサアキさんは感じている。

「毎月紹介される五人の中からだけ申し込んでいた頃は、ただただ受け身でした。また、オフィスに通うようになったばかりの頃は、写真を見て、きれいな女性を選んでいたような気がします。顔写真が並んでいるとやっぱり容姿のいい人に魅かれてしまうものです。でも、何度も断られ、傷つく経験を積むうちに、さらに身のほどを知るようになりました。どんな女性が自分と合うのか、自分と向き合ってくれるのか、少しずつ客観的に考えられるようになっているのではないでしょうか」

やがてマサアキさんは、年上の女性を中心に申し込みをするようになった。

「僕のような地味で頼りなく見えるタイプを受け入れてくれるのは、年上のように思えたんです。ただ、僕よりも上だと、四十代になります。そして離婚経験者が多い。婚歴は気にしませんが、子どもがいる女性と暮らす自信はないです」

子どもがいる女性に対しては、腰が引けてしまうという。

「その子が果たして僕を受け入れてくれるのかどうか、経済的にやっていけるかどうか、と。そして、これは予想外だったのですが、三十代よりも四十代の女性のほうが、男性に対して年収や容姿に関する注文が多いこともわかりました。バブルを経験したせいかもしれませんね。僕の婚活はまだまだ前途多難です」

結婚相談所を選ぶ際のポイント

では、こうした結婚情報サービスで出会うにはどんなことを心がければいいのか——。マサアキさんも登録していたJ社の女性スタッフが教えてくれた。ちなみに、彼女はマサアキさんが登録をした支店のスタッフではなく、彼とは接点はない。

「結婚情報サービスには、大きく二つのタイプがあります。成婚料をいただく会社と、成婚料不要の会社です。男性でも女性でも、自分に積極性がないと感じているならば、コストがかかっても成婚料がある会社をお勧めします」

成婚料をとらない会社は、基本的に、入会してお金を払って以降は何もしてくれない。

「私の会社では成婚料はいただいていません。だから、営業スタッフの給与体系は、基本給＋歩合です。この歩合の部分は、新規会員を獲得した数と単価で計算されます」

スタッフは、当然、自分の働く時間とエネルギーは実収入につながる新規獲得に使いたい。

「だから、すでに会員になったお客様の相手をするのは時間の無駄と考えているスタッフがほとんどです。その点、成婚料がある会社の多くは、成婚料も歩合に計算されるので、登録後もフォローしてくれます」

ただ、大手は成婚料をとらない会社が主流だ。そして、大手のほうが当然登録している男女の数は多い。出会いのチャンスも多いのではないか。

「成婚料をとらない大手の会社に登録するならば、自分から積極的に動くことをお勧めします。会社によってスタイルは違うかもしれませんが、可能であれば、オフィスに足を運ぶようにしてはいかがでしょう。訪問して、写真やデータを見て、自分が魅力を感じる相手を探して、窓口のスタッフに相談する。当然、チャンスは広がります。直接の相談に対してはきちんとケアするはずです。それに、登録したばかりでまだ誰にも紹介していない新規会員の情報も得られます」

結婚情報サービスは、あくまでもサービスの提供で、必ずしも結婚できるわけではない。だから、自分の性格や忙しさをよく考えて入会を検討するべきだ。

「成婚率とか成婚数を発表している会社がありますが、あの数字を参考にしてはいけません。成婚料をとらない会社の場合は特に」

そう忠告する。

「たとえば、成婚率二五％とされていても、ほとんどはいいかげんな数字です。そもそも退会した会員の追跡調査などはできていないはずなので。私自身、新規会員獲得のときには、成婚率二五％とお客様には話しています。四人に一人が結婚できるなんてかなり高い確率ですから、皆さん当然期待します。でも、数字には何の根拠もありません。私が担当した方に関してですが、などと、いくらでもいい逃れはできます。だから、数字にまどわされず、自分の性格や生活に合った会社を選ぶべきでしょう」

さまざまな婚活を取材していると、シングルの男女が最後に行き着くのが結婚情報サービスだ。ふだんの暮らしで見つけられず、ネットやパーティーのような低コストの婚活で出会えなかった人が登録するケースが多い。

しかし、魅力的な女性はいる。キミコさんにも、エツコさんにも、「なぜこの人に彼がいないのだろう?」と感じた。

そう考えると、ある程度積極的な男性が、ネットやパーティーではなく、最初から結婚情報サービスに登録すれば、成果は上がるようにも思える。

第4章　日本女性はモテすぎる

海を渡って婚活編

日本の男に見切りをつけた女たち

ベッドの周囲でいくつものキャンドルの灯が揺れていた。

その夜、ユキエさんはニューヨークのマンハッタン、アッパーウエストサイドのデイヴィッドが住むアパートメントにいた。ベッドルームの照明は落とされ、彼の顔の右半分をキャンドルの灯がかすかに照らしている。

「Honey, I love you」

そんなありふれた愛の台詞も、ユダヤ系のデイヴィッドの美しい発音でいわれると、うっとりする。

この日は出会って三度目のデート。二度目のときは、食事の後にタクシーで滞在するホテルまで送ってもらい、キスをした。そして、今日はそれ以上の関係に進む覚悟だった。彼もおそらくそのつもりだったはずだ。それほどの相性のよさをおたがいに感じていた。

二人はミッドタウンで待ち合わせ、ブロードウェイにあるマンハッタンでは人気のスーパー、ゼイバーズでチキンやチーズや少し高価なワインを買った。

ユキエさんは三十五歳。米系の銀行の東京支店に勤めている。デイヴィッドと知り合ったのは、ダウンタウンのウォール・ストリート近くにオフィスを持つ日本人女性マッチメイカーの紹介だ。

ここでいうマッチメイカーというのは、結婚を希望する男女のマッチングをビジネスにする人のこと。ニューヨークには、日本人が生活するためのガイドブックやタブロイドサイズの新聞がいくつかある。そこに、日本人を対象としたマッチメイカーが広告を掲載している。個人で行う人もいれば、複数のスタッフを雇用している人もいる。多くは現地在住の日本人。女性がほとんどだ。

その一か月前、ユキエさんは観光でニューヨークを訪れ、この街に住む友人宅の書棚にあった生活ガイドブックをめくっていて、マッチメイカーの存在を知った。

オフィスを訪ねると、男性会員のファイルを見せられた。日本人の駐在員が多い。金融関係や商社やメーカーに勤める人たちで、マンハッタンや、その郊外のアップステイトと呼ばれるエリア、またはハドソン・リヴァーをはさんで向こう岸のニュージャージー州に住む人たちだという。

加えてアメリカ人男性のリストもあった。ユダヤ系がほとんどだった。金融関係の仕事をしている人が目立つ。そのオフィスでは、堅い職業の男性を集めているようだ。

ユキエさんにとって同性である女性のファイルは見せてはもらえなかったが、女性のほうはほぼ全員が日本人だという説明を受けた。

「当時はもう一年半も男性と交際をしていませんでした。二十代まではボーイフレンドがいない時期はなかったのに、三十代に入ると出会いが少なくなっていった」

このまま一人でおばあさんになっていくのかな――と不安を感じ始めていた。

「三十代半ばになると、同世代や少し年上のシングル男性に、魅力的な人が一気に少なくなります。素敵だなあ、と感じる人はみんな既婚者。そんな時期に、旅先で思いもよらぬチャンスに出会ったわけです」

アメリカではネット婚活が主流

ここでは、前の三つの章とはやや異なる婚活のアプローチを紹介したい。日本に見切りをつけて、アメリカへ渡ってパートナーを探すという手段だ。

私自身、仕事の関係で、一年に数回、アメリカへ渡る。ニューヨークが主だ。三年ほど、マンハッタンにアパートメントを借りて仕事をしていた時期もあった。そこで出会った婚活について、最後に触れておこうと思う。

ただし、あらかじめ言っておかなくてはいけないことがある。ここで紹介する婚活のシステムは、あくまでも日本人の女性向けだ。現地駐在以外の、つまり日本に住む日本人男性にはまったくアドバンテージがない。率直にいうと、欧米では日本人男性はもてない。だから、男にはほとんど意味がない情報だと思っていただいていいだろう。

アメリカの婚活はネットが主流だ。国の面積が広く、鉄道による交通は行き届かないので、日本にあるような婚活パーティーや結婚相談所は成立しづらい。直接会うのが困難だからだ。サンフランシスコやロサンゼルスがあるカリフォルニア州の総面積は約四十二万四千平方キロメートル。約三十七万八千平方キロメートルの日本より広い。

また、一つの国の中で、西海岸と東海岸では三時間もの時差がある。西海岸のサンフランシスコやロサンゼルスから東海岸のニューヨークまでのフライト時間は、季節や風向きによって差異があるものの、四時間から五時間もかかる。

それでも、ネットならばすぐにコンタクトができる。メールを利用して何度もやり取りをした上で会えばいいので、広いアメリカには向いているというわけだ。

事実、アメリカで生まれたソーシャル・ネットワーキング・サービス（SNS）、フェイスブックの婚活アプリケーションをのぞくと、アメリカ人のシングルがいかに積極的にネットを活用しているかがわかる。実名や住んでいる場所など自分の個人情報を明記してまで、パートナーを探している。

しかし、同じアプリでも、日本在住の日本人を検索すると登録者は少数だ。日米のフェイスブックの普及率の違いを差し引いても、両者の意識には大きな格差がある。

東アジアと南アメリカの女性からモテた

試しに私もフェイスブックの婚活アプリに登録してみた。

すると、大変なことになった。その日のうちに数多くの海外の女性から交際のリクエストが届いたのだ。

「You Have a NEW Message!」

そう書かれたメールが次々と送信されてくる。

「Click here to read your message.」を指示通りにクリックして開くと相手の顔写真が現れた。

「She likes you!」

真っ赤な文字で書かれている。

東アジアや南アメリカの人がほとんどだ。アメリカ合衆国やＥＵ諸国からのアプローチはない。ついでに日本人からもない。

私に対してアプローチしてくれる女性のほかに、アプリが勧める女性のリストも送られてくる。

「Yes」

「Skip」

女性の写真の下に二つのアイコンが並んでいるので「Skip」をクリックすると、次の女性の写真が現れる。「She likes you!」とある。「Skip」をクリックする。また次の女性の写真が現れる。

交際のリクエストをくれた女性たちが、日本人男性ならばだれでもＯＫ、と思っているのは明らかだ。なぜならば、全員英語のメールなのだ。日本語は理解できない女性たち。つまり、こちらのプロフィールは読まずに、それどころか名前も読めずに、申し込んできているのである。それが「Likes Me」というフォルダーにたまっていく。

翌朝、パソコンを開くと、また新規のメールが届いていた。やはり、東アジアや南アメリカの女性ばかりで、結婚は現実的ではない。しかも、何を勘違いしているのか（勘違いではないのかもしれないが）、男性からの申し込みもある。それも、外国人からだ。

「このまま続けたら大変だ」

そう思って、アプリの登録をやめようとした。ところが、方法がなかなかわからない。すべて英語で説明されているからだ。

ようやくそれらしきものを見つけて、手続きを踏む。画面でやめる理由を聞いてくるので、中学生レベルの〝英作文〟で「興味が持てなくて、ごめんなさい」と書いた。

しかし、翌朝パソコンを立ち上げると、また外国人のご婦人がたからの申し込みが届いていた。退会できていなかったのだ。

しかたがないので、放置したままだ。

この本を書いている時点では、フェイスブック婚活が日本人の男には向いていないことがよくわかった。

ニューヨークでは対面型婚活も

アメリカのネット婚活は、登録者が多く、意識も高いだけあって、プロフィールや自分の好みなどを書き込む項目が日本とは比較にならないほど多い。好みの異性のタイプや、結婚後のビジョンはもちろん、自分の生き方や仕事の詳細な内容まで記入できるようになっている。

日本のネット婚活は、ある程度相手の様子がわかれば、あとは直接対面したほうが早く判断できる。しかし、アメリカの場合は通信で検討する段階のウエイトが大きいのだ。

しかし、そんなアメリカでも例外的なのが、同国最大の都市、ニューヨークだ。ニューヨーク州は約十四万一千平方キロメートルもあるが、中心部のマンハッタンの面積は狭く、東京の世田谷区ほどしかない。交通網も発達している。網の目のように地下鉄が走り、タクシーの料金も日本の半分以下だ。つまり、会いやすい。だからこそ、ニューヨークに限っていえば、日本と同じような対面型の婚活が成立する。

ニューヨークに住む日本人男性駐在員の多くは激務に勤《いそ》しんでいる。昼間はもちろんだが、夜も日本との連絡があるので気が抜けない。日本とニューヨークの時差は夏が十三時間、冬は十四時間。昼夜ほぼ逆になるので、一日中働いている状態のビジネスマンもいる。

彼らはプライベートの時間が少ないので、当然、女性との出会いのチャンスも限られる。日本人のコミュニティーでホームパーティーもあるが、そこに来る日本人女性の顔ぶれは限られている。かといって、アメリカ人女性の間では、何度もいうように、アジア系男性の人気はきわめて低い。気のきいた甘い言葉もささやけないからだ。欧米人と比較して見た目も貧相な上、恋愛のスキルも低い。

一方、ニューヨークに住む日本人女性は、企業に勤める人もいるが、留学生が主流だ。彼女たちは、日本の学校を卒業し、一度社会へ出た後、英語を使うビジネスをしようとして渡米する。

しかし、現実は厳しい。何かの分野で高いスキルがなければ、仕事に就くチャンスは少ない。日本にいる時は英語力を評価されていても、アメリカでは英語はできて当たり前だ。小学生でもしゃべっている。その結果、日本人女性の多くは安定した仕事に就くことができず、飲食店などでアルバイトをして生活をつないでいく。

マッチメイカーは、そういう日本人男性と日本人女性の出会いをアレンジしている。ただし、日本人男性の数は少ない。女性の数に対して、男性は慢性的に足りていない。女性と違い、日本で勤めている会社を辞めてまで個人の意思だけで渡米する男性はまれだからだ。

このような事情なので、マッチメイカーのもとを訪れる日本人男女の数的バランスは釣り合わない。そこで、日本人女性に対しては、日本人男性だけではなく、アメリカ人男性との出会いも提案しているのが現状だ。

女性の場合、縁があって日本人駐在員の男性と結婚すれば、ニューヨークで新婚生活を送った後に帰国する。夫はその後も社内で経済的に恵まれたポストを与えられる可能性が高いだろう。また、アメリカ人と結婚した場合は、そのままニューヨークで生活をすることになる。

アジア系女性はマイナス十歳？

さて、ユキエさんは一度帰国し、さっそく翌月、再度ニューヨークを訪れた。目的は観光ではなく、婚活だ。

「ニューヨークは、人の流れや時間の流れが東京と似ています。食事の面でも、日本の食材専門のスーパーがあり、お寿司屋さんにもラーメン屋さんにも不自由しません。この街ならば東京と同じペースで暮らせる、と感じました」

米系の銀行に勤めているユキエさんは、日本でも英語を使って仕事をしている。言葉の不安はなかった。

そこで、まず、日本からマッチメイカーとメールでやりとりしながら、自分のプロフィールを作成した。項目はシンプルで、年齢、職業、学歴、婚歴、星座、趣味、好きなスポーツや音楽などである。さらに好みの男性についても伝えた。ユキエさんのリクエストは、背が高くて筋肉質の男性。性格は思いやりがあり、封建的でなければよかった。日本人の男性の主流である亭主関白系が苦手だったのだ。

「ニューヨークへの婚活旅行のスケジュールは五泊七日。マッチメイカーには、最初の三夜で一人ずつ三人の男性と会わせてもらえるように頼みました」

その中にいい縁があれば、後半の二日のうちのどちらかでもう一度会いたい、と考えた。料金は一年間で千五百ドル。二〇一一年のレートなら、日本円にして約十二万円ほどだ。

「その金額で、一年間に何人でも紹介してくれるということでした。つまり、渡米する度に紹介してもらえますが、近い場所ではないので、頻繁には行けません。何度も行ければお得な価格設定ですが、一年に一度しか行けないと高い会費になりますね。コストパフォーマンスは自分次第です」

彼女は日本人の男性ばかり三人を希望した。しかし、マッチメイカーの提案で、日本人二人にアメリカ人一人と会うことになる。「高身長」「筋肉質」「封建的ではない」というユキエさんの好みの男性が、日本人よりもアメリカ人に多いタイプだったからだ。

そして、デイヴィッドと出会った。

「二日目の夜に彼と食事をして、それまでに経験したことがないほど楽しい時間を過ごしました。だから、三日目に会うはずだった日本人男性をキャンセルにして、残りのスケジュールは全部デイヴィッドと過ごすことにしたんです」

ユキエさんにとって、彼のどこが魅力的だったのだろう。

「女性の扱いがとてもスマートで、街を歩いていても、レストランでも、常に私を守る態度をとり、私の意思を尊重してくれます。その態度はとても自然に身に付いたもので、私の気を引こうとして無理にやっている感じはしませんでした。この人ならば私がおばあさんになっても大切にしてくれる。そういうふうに思えました」

その後、二人は結婚を前提に、太平洋の上を行き来しながら三か月に一度のペースで会い続けている。ユキエさんは会社にニューヨークへの異動をリクエストし、それが認められたら一緒に暮らす予定だ。

「アメリカでは、私に限らず、日本人女性はアドバンテージが大きい。まず、アジア系女性は欧米の方と比べて肌がきれいなので十歳くらい若く思われます。四十代ならば三十代に、三十代ならば二十代に。日本人女性は三十代でも未成年に思われて、お酒を買う時にＩＤの提示を求められるケースも少なくありません。また、容姿そのものも、日本にいるときよりもいい評価をしてもらえるように感じています」

さらに、自己主張の強い人が多い国では、日本人はおおむね穏やかで優しいという評価になる。

「私、日本では気が強い女で通っています。でも、アメリカでは、ユキエは穏やかだね、と言ってもらえます。主張をしなければ生きて行けない国で、アメリカ人女性の強さは、日本人とは比較にならないからです」

このようなアドバンテージを知り、マッチメイカーに依頼するアメリカ在住の日本人女性は多い。

ユキエさんのように日本から出かけて行く女性も増えている。

彼女たちは、昼間は観光やショッピングを楽しむ。男性は仕事をしているからだ。そして、夜はマッチメイカーに紹介された男性と日替わりで会い、ディナーをともにする。彼らはとっておきのレストランに連れて行ってくれる。

日本人駐在員をつかまえろ

アメリカ人との出会いではなく、日本人駐在員との出会いに絞ってニューヨークへ婚活に出かける女性もいる。やはり米系の銀行に勤める三十三歳のマユミさんもその一人だ。

「東京でふつうに生活していても、出会いはまったくありません。私が暮らし働いている環境では、年齢的に釣り合う男性はほとんど既婚者です。シングルの男性も少しはいますが、日本の三十代から四十代のシングル男性は魅力のない人ばかりですから」

マユミさんによると、いつまでもシングルでいる男性は、もてないか、積極性に欠けているか、さもなければ、一人の生活を満喫している結婚願望がない遊び人タイプなのだという。

「そんなふうに結婚に関して希望がもてない環境にいたので、ニューヨークにも婚活をサポートするビジネスがあると知り、すぐに申し込みました」

マユミさんは日本に住むシングル男性に見切りをつけた。そして、彼女にはちょっとした打算もあった。

「ニューヨーク駐在員の男性が帰国したら、たぶん、すごくもてるはずです。勤めている会社では役員へ向けての昇格のラインに乗る可能性も高いでしょう。帰国してから知り合えても、ライバルが多くて、競争に勝てる自信は私にはありません。だから、現地まで行って先に捕まえてしまおうと考えました。もし良縁があれば、何年かは海外生活を体験できます。ニューヨークに駐在しているような人ならば、帰国後も経済的に豊かな生活ができる可能性は高いと思いました」

マユミさんは十日間の休暇をとり渡米。その期間、ニューヨークで暮らす日本企業の駐在員に会いまくった。その数なんと十人。週末には一日に昼夜二人と対面した日もあったほど。

「自由の女神にもナイアガラの滝にも行きませんでした。私の人生を左右する大切な婚活旅行です。観光に時間をさきたくはありません。観光をするくらいならば、いい美容室を見つけて、自分がきれいに見えるために時間とお金を使いたいと思いました」

彼女は対面した中から恋人をつくり、勤めていた会社を辞め、結婚を前提とする同棲生活に入った。

モテすぎて自分を見失う女性

ニューヨークで婚活をして、男性にもてて、常軌を逸した女性もいる。東京で派遣社員として働く四十八歳のイツミさんだ。

彼女は、ニューヨークのマッチメイカーにアメリカ人男性とのマッチングを依頼した。

「日本人女性は、アメリカでは実際よりも若く見られます。アメリカ人ならば、自分よりも若い男性とお付き合いできると思いました」

彼女も最初は観光でニューヨークを訪れた。その時にマッチメイカーを知り、すぐに登録した。その滞在中、二人の男性と食事をした。四泊六日の滞在だったので、二人が精一杯だったのだ。それでも、二人のうちの一人、経理関係の仕事をする三十九歳の男性と意気投合。無謀にも彼のクルマに乗り、アパートを訪ねている。

「ワインを飲んで気持ちよくなり、セックスも求められました。でも、出会ったその日にベッドに入るのは無理です。まだダメ、と断りました。何度も口説かれたけれど、強い意志で振り切りました。クルマを呼んでもらい、それで、宿泊していたホテルに帰ったんです」

イツミさんは二度の離婚経験を持つ。二度目の別れは四十一歳の時。以後、誰とも交際していない。だから、久しぶりの甘いデートにテンションが上がった。そして、翌月すぐにまたニューヨークへ。今度はマッチメイカーにあらかじめ頼み、五人の男性とアポイントメントをとってもらう。

アメリカ人の間では、日本人女性の人気は高い。だから、何人もの男性がイツミさんと会うことを希望し、彼女は忘れかけていた幸福感を味わう。

積極的な彼女は二度目のニューヨーク滞在で出会った医師、ポールと暮らし始めた。そのまま結婚するつもりだった。しかし、またしてもあてが外れる。

「最初に会った時、ポールはものすごく優しくしてくれました。でも、これは日本人でも同じですが、一緒に暮らすと、思いもよらぬことがわかってきます。彼の場合は極端なマザコンでした。そのママは毎日のように家を訪れて、日本人の私を罵倒します。彼女は日本人が大嫌いだったのです」

ポールは母親のいいなり。イツミさんはうんざりする。しかし、母が去ると、優しい彼に戻る。

「でも、彼にはもう一つ、私の想像を超えていたことがありました。異常にアイスクリームが好きなんです。一リットル入りのバニラアイスを毎日一箱平らげてしまう姿にはびっくりしました。大きな箱を抱えて、カレーライスを食べるようなスプーンで、まるで子どもみたいに、ザックザックとアイスクリームを掘っては口に運ぶ。仕事に出かけるときには、必ず念押しして家を出ます。僕のアイスクリームを勝手に食べてはいけないよ、と。私が欲しがっているわけでもないのに。だんだん彼がおバカさんに見えてきました」

結局、イツミさんは一か月ほどでポールのもとを去る。

タフな彼女は、その後もお金を貯めてはニューヨークへ出かけ、婚活を行った。

「会ってすぐに男性の運転するクルマに乗ってはいけません」

「会ってすぐにベッドに入ってはいけません」

マッチメイカーは、くり返し彼女に諭すが、ほとんど聞く耳を持たないという。

ニューヨークでの婚活は、日本人女性にとっては諸刃の剣だ。

自分を厳しく律して上手に利用すれば、この街には思いもよらぬ出会いのチャンスがある。現地駐在の日本人男性との良縁があれば、外国暮らしを経験できて、帰国後には経済的に恵まれた生活が待っているかもしれない。また、日本人女性との交際や結婚をステイタスだと考えるアメリカ人男性は多く、彼らとのそれまで体験したことがないほど甘い生活があるかもしれない。

しかし、もてすぎることは危険も伴う。それまで日本でも男性にちやほやされてきたならば、冷静さを失わずにすむかもしれない。でも、突然想像を超えた愛情を与えられると、自分を見失っても不思議ではない。価値観の違う社会で生きる男性に翻弄されないように、気をつけるべきだろう。

終章　出会いとは「仮免」である

モノは失われてしまうが……

東日本大震災の後、街中でおたがいの愛情を確かめ合うように、手をつなぎ歩く夫婦やカップルをよく見かけるようになった。もしかしたら実は以前からそういう風景は珍しくなく、私が気づいていなかっただけかもしれない。それでも、あらゆる世代の仲がいい夫婦とすれ違うようになった。

同時に、私の周りでは、一人暮らしの不安をうったえる女性がものすごく増えた。

「一人暮らしだと、入浴時に災害に遭うのが怖くて、十五分ですますようになりました」

「いざというときのために、マンションの隣の部屋の男性の電話番号を教えてもらった」

「もう、相手は誰でもいいから結婚して共同生活を送りたい」

など。

「相手は誰でもいい」というのはさすがに本心ではないかもしれないが、そういう発言をしてしまうほど、災害が起きた時に一人でいることの恐怖から解放されたいのだろう。事実、結婚情報サービスの登録数や成婚数は加速度的に増えているそうだ。

自分の好みでない相手と一緒に暮らすくらいならば、ずっと一人でいい――そう考えていた人も、考えをあらためている。嫌いな相手と生活をともにする必要はない。しかし、自分にとって一〇〇％好みの相手でなくてもいいと考えるようにはなったのかもしれない。大好きな相手でなくても、「好きだなあ」と思えたら、あとは二人で手を携えて「好き」を「大好き」に育てていけばいいのだ。

そもそも、容姿も、性格も、収入も、住まいも、すべてが自分の好みの相手などいないはずだ。

その前提で、この本で紹介した数々の婚活のツールを利用すると、結婚へ向けて光が見えてくる気がする。

理想の相手などいないという前提

この本で紹介してきたネット婚活も婚活パーティーも、最初から相手の人柄などは判断できない。だから、みんな、容姿や年齢や収入のようなはっきりとわかる条件からしか判断できない。

学生時代の同級生や職場の同僚ならば、人柄や生き方に共感を覚え、または困難と向き合った時の態度を間近に見て、それが恋愛感情へと発展する。しかし、わずか二時間のパーティーや、ネットの画面を通しての出会いでは難しい。ほとんどの相手はお行儀のいい言葉をつかって会話をするし、きちんとした自己PR文を書いている。結局、容姿や年収をはじめとするデータくらいしか差が生まれないからだ。

これでは、なかなか自分に合うパートナーを見つけることはできない。スタート時点で相手の心と向き合っていないからだ。

ネット婚活には何千もの男女が登録している。都心部で週末に行われている婚活パーティーも盛況だ。その風景を見ると、「自分もきっと結婚できる」と錯覚する。こんなにたくさんの男女が結婚を望んでいるのだから、結ばれないはずがない。そう考えて自然だ。しかし、実際には歩み寄りがなければ結ばれない。

男が求める、容姿に恵まれてしかも従順な女性など、世の中には存在しない。

女が求める、年収が多くて優しくて浮気をしない男性など、世の中には存在しない。

そう考えておいたほうがいい。相手に多くを望まない自分にならなければ、パートナーは見つかりづらい。

その事実がわかると、「二十代で結婚しておけばよかったなあ」と四十代になってつくづく思う。

自我が育ち切っていない二十代のうちに家庭を築かなかったことが、いまさらながら悔やまれる。しかし、育ち切ってしまった自我を破棄することはもはや不可能である。

では、今後どうやって婚活をしていくか——。

婚活で成果を上げる三つのポイント

結婚するためのポイントは、私に関していえば、三つだと思った。

一つ目は、前述のとおり、歩み寄ることだ。

自分の理想とする相手は存在しないという前提で、女性と向き合う。多少でも興味を持ったら、気持ちの上でもっと接近し、関係を築くように努める。

二つ目は、今からでも遅くないことを信じて、自分の〝商品価値〟を上げることだ。

発想がちょっと悲しいけれど、現状よりましな、女性に選んでいただける自分になるのだ。どんな商品でも質が悪ければ、いかに優れた営業ツールを使っても売れない。偶然売れても、クレームとともに返品される。それと同じだ。

では、自分の商品価値を上げるにはどうすればいいのか?

私は次のことを自分に課すと決めた。

1　コンスタントにエクササイズをして、健康を維持し、身体を引き締め、少しでもましな容姿になるためにコストをかける。

2　コンスタントに女性と食事などをして、厳しい目にさらされ、多少辛辣《しんらつ》でも率直な意見をもらう。

3　仕事と正面から向き合い、困難から逃げない。

以上だ。

まず、健康はもちろん、見た目は重要だ。なまった身体や顔や心をしていると、恋愛対象、結婚対象として、相手に意識してもらえない。ちょっとましなことを言っても、発言に説得力がない。人間としてゆるんでいると、ゆるんだたたずまいになる。目が輝きを失い、声が力を失う。

次に、自分をできるだけ正しく知らなくてはいけない。完璧に客観視することは不可能だとは思うが、ある程度俯瞰して自分を見る意識を持つことは重要だ。

しかし、自分のことが最もわからないのは自分自身だ。だから、身近にいる女性に、たるんだ心や身体になってはいないか、加齢臭はないか、疲れた顔になっていないか、厳しくジャッジしてもらい、遠慮のない意見をもらい、素直に耳を傾ける。

そして、自分の周りを見渡すと、仕事で成果を上げている人間は、成果を上げているからこそそのたたずまいを持つ。何よりもまず、目が生きている。強さをたたえている。これがないと、オスとしてだめだ。闘えない男に、女性は本能的に興味を持たない。

これらを習慣化すれば、男性として、人間としての商品価値が上がるのではないか。そして、タフな自分をつくり上げることができれば、結果的に女性が重要視する年収も上がっていくのではないか。そう考えたのである。

どこまでできるかわからないが、頑張ることにした。

三つ目のポイントは、自分に合った婚活のツールを利用するということだ。人にはそれぞれタイプがある。向き不向きがある。だから、ネットなり、パーティーなり、自分に合った手段を自分流に利用したほうが有利だろう。

第3章でも書いたが、自営業である私の場合は、結婚相談所は不利だと判断した。このツールを利用する女性は安定志向だ。そうでない女性がいたとしても、少数派である。つまり、ここに登録している女性たちと私とはミスマッチだ。結婚相談所は、年間のコストが数十万円かかるので、少なくとも私のような業種、職種には費用対効果が低い。

このツールで有利なのは、大手企業に勤めるビジネスマンや公務員のような安定したサラリーが供給される人たちだろう。

結婚相談所に登録している男性には消極的で地味なタイプが多いようなので、安定した業種、職種、企業で働きながら、ちょっとおしゃれをしたり、気の利いた趣味を持っていたり、おいしいお店を知っていたり、登録者の中で自分を差別化できれば、かなり成果を上げられるのではないだろうか。

また、第4章のニューヨークでの婚活は、すでに書いた通り、日本人女性に限ってアドバンテージがある婚活だ。男性の場合は現地駐在のビジネスマン以外は対象外といっていい。

こうした判断もあり、ネット婚活と婚活パーティーにしぼって活動を行うことになった。この二つには、職業上のアドバンテージもある。メールで文章をかくことも、初対面の相手と会話をすることも、仕事柄負担に感じないからだ。そして、実際に何人かの女性と知り合えた。

出会いは〝仮免〟の段階

婚活を行うプロセスでは、一つ、気をつけなくてはいけない大きな落とし穴がある。それは、出会えた時点で目的を達成した錯覚に陥ることだ。

婚活は出会うまでのプロセスで苦労し、それなりにプライドも削られるので、気に入った相手と二人でご飯を食べられただけでもかなりの達成感がある。自分が女性に受け入れられた安堵感もある。

でも、この時点ではまだ何も成し遂げられてはいない。実質は手に入れていないのだ。運転免許証取得でいうところの〝仮免〟試験を通過しただけだ。結婚をするには、一般道に出て、〝本免許〟を取得する必要がある。本当の恋愛力はここから試される。

しかし、出会うまでにエネルギーと時間を使っているために、すでに努力する意欲は消耗し、スタミナ切れも起こしている。大きな山をやっと越えて喜んでいたら、その向こうのもっと大きな山と出合い、しかし、もう一度自分の気持ちと体力を立て直して頑張る態勢にはなかなかなれない。

出会ってから関係を熟成させていくには、おたがいのリスペクトがなくてはいけない。依存し過ぎてはいけない。こうした、恋愛関係を継続して結婚へと成就させるために必要な力が残されていないのだ。

もっといってしまえば、結婚をしても、その後も大変だ。私のように離婚をして、双六の振り出しに戻ってしまうケースだってある。だから、婚活によって出会えても、そこから先の道のりが実は長いということを、あらかじめ自分によくいい聞かせておく必要がある。私のような婚活難民が幸せをつかむまでの道のりは、山あり谷あり崖あり落とし穴ありだ。

と、まあ、あれこれ考え、創意工夫をしながらも、いまだ私は結婚できていない。この本を書き上げた段階ではしっかり婚活を継続している。自分としては、もう少しでかけがえのない誰かと出会う予定だ。それを信じて、毎日ネット婚活の画面で新規に登録する女性のプロフィールをチェックし、毎週末パーティーに参加している。そうしているうちに、フェイスブックには毎日見知らぬ国の女性からメールが届く。

そういう状況なので、この本を読んでくれている、特に女性とは、パーティー会場で会話を交わすこともあるかもしれない。パソコンの画面で会うかもしれない。

そのときは、何とぞ、何とぞ、よろしくお願い申し上げます。ぜひ、手を携えて、一緒に婚活難民暮らしを卒業しましょう！

付録・超実用的婚活マニュアル

1 ネット婚活

【メリット】

1 忙しくても、自宅にいながら自分の好きな時間帯に相手を探せる。
2 会話が苦手でも、メールという文章のツールから交流を始められる。
3 容姿、収入、学歴、婚歴などがあらかじめわかる（ただし、偽りがある場合も）。
4 コストがあまりかからない。
5 パソコンの画面で複数の異性を比較しやすい。
6 〝婚活市場〟での自分の〝商品価値〟がリアルにわかり、なおかつ、改善すればその成果も知ることができる。

【デメリット】

1 プロフィール写真との差があることを前提に会わなくてはいけない。
2 自分が登録していることを知り合いに見つかり、恥ずかしい思いをすることがある。
3 ネット上のプロフィールの年収、婚歴、職種などは自己申告なので、偽りの場合もある。

【活動時のポイント】

1 プロフィールに掲載される写真が鮮明なサイトを選ぶ。
2 プロフィールに嘘は書かない。嘘をつくと、対面した時に言い訳や訂正に苦労するし、相手に不信感を持たれる。
3 プロフィールはできるだけたくさんの項目を具体的に記入する。
4 プロフィールにはできる限り写真を掲載する。
5 プロフィールに掲載する写真はスタジオ撮影よりもスナップ写真がいい。
6 プロフィール写真の服装は、男性はジャケットに襟のあるシャツが無難。ただし、服選びに自信があればカジュアルがいい。女性は下品にならない程度に女らしいワンピースやブラウスにする。
7 新たにプロフィール写真を撮影する際、男性は知性を、女性は華やかさを意識する。
8 申し込みの文章では、相手のどこが気に入ったのかを具体的に書く。
9 メールのやり取りは、相手に興味を持っている気持ちをきちんと伝えるために、できるだけ頻繁に行う。ただし、やりすぎにも注意。目安は一日に二通以内。長文も避ける。
10 メールでは自分のことばかり書かずに、質問をまじえ、相手に興味がある姿勢を示す。
11 会ってすぐに身体の関係を迫らない。
12 会ってすぐに結婚を迫らない。
13 特に最初の対面では男性は会計をスマートに。
14 複数の相手と同時に会っていることは、それぞれに悟られないのが礼儀。

【メリット】

1 最初から対面で話をするので、自分の好きな雰囲気や容姿の相手を選びやすい。
2 対面で話すことによって、年齢、収入などでハンディがあっても会話内容や雰囲気でカバーできる。
3 収入、学歴、婚歴などがあらかじめわかる（ただし、偽りがある場合も）。
4 コストがあまりかからない。
5 パーティー会場で特定の相手を見つけられなくても、参加している人と飲み会を企画するなど、その後の婚活につなげられる。
6 女性は、友人と一緒に参加することにより、気に入った相手を複数の目でチェックできる（男性はできるだけ一人で参加するほうが女性からの受けはいい）。
7 パーティー会場での自分の好感度や、誰が自分に好意を持っているかがわかるので、効率よく活動できる。
8 〝婚活市場〟での自分の〝商品価値〟がリアルにわかる。

【デメリット】

1 年齢、婚歴、収入、学歴などの詐称を見破りづらい。

2 ナンパ目的の男性がまぎれこんでいる可能性がある。

3 金品目的の女性がまぎれこんでいる可能性がある。

4 女性はパーティー会場では自分からアプローチしづらい雰囲気がある。

5 何度も参加すると、同じ異性にくり返し会い、恥ずかしい思いをすることがある。

【活動時のポイント】

1 清潔な身なりで参加すること。男性はできれば、質のいいカジュアル服。服装に自信がなければジャケットかスーツ。女性はワンピースかジャケット系。

2 会話では、自分の話ばかりをせずに、相手の話を聞くように努める。

3 プロフィールはできるだけたくさんの項目を具体的に記入する。

4 プロフィールの文字は、特に男性は、たとえ字がうまくなくても、大きくはっきりと書く。

5 できるだけ会費の高いパーティーを選ぶ。会費が安いパーティーは概して参加者の真剣度が低い。

6 できるだけ週末に開催されるパーティーを選ぶ。平日夜よりも概して参加者の真剣度が高い。

7 きれいな会場のパーティーを選ぶ。

8 可能な限り都心部のパーティーを選ぶ。

9 パーティー開催時間に遅れずに、余裕をもって会場に入る。そのほうがあわてずにプロフィールを記入できる

10 会場では速やかに行動する。

11 会ってすぐに身体の関係を迫らない。

12 会ってすぐに結婚を迫らない。

13 特に最初の対面では男性は会計をスマートに。

14 複数の相手と同時期にデートをしても、それぞれに悟られないのが礼儀。

3 結婚相談所

【メリット】

1 自分で積極的に動かなくてもコンスタントに出会いのチャンスが提供される。

2 収入、学歴、婚歴などがあらかじめわかる。しかも、結婚情報サービス会社が責任をもって確認をしているので基本的に詐称はない。

3 ネット婚活や婚活パーティーにまぎれこんでいるようなナンパ目的の男性や金品目的の女性が基本的にはいない。

【デメリット】

1 コストがかかる。

2 会社によっては入会金や会費のほかに成婚料が必要になる。

3 特に女性の場合、積極的な男性とは出会いづらい。

【活動時のポイント】

1 消極的な人、多忙で婚活に時間や労力を費やせない人は、たとえ成婚料がかかったとしても、担当スタッフと密接な関係を結べる会社やシステムを選ぶ。
2 担当スタッフだけに任せず、その会社を訪問して登録者を確認するなど、できる限り能動的に相手を探す。
3 公表されている成婚率や成婚者数ではなく、自分の性格、忙しさ、登録会員数で、入会する会社を検討する。
4 清潔な身なりを心がけて対面する。
5 会話をするときには、自分の話ばかりをせずに、相手の話を聞くように努める。
6 登録する会社に希望条件を申請するときに、「収入を最優先にします」「容姿のよさを最優先にします」「学歴にこだわります」など、自分にとって大切な条件や優先順位を明確に伝える。
7 プロフィールはできるだけたくさんの項目を具体的に記入する。
8 会ってすぐに身体の関係を迫らない。
9 会ってすぐに結婚を迫らない。
10 特に最初の対面では男性は会計をスマートに。

11　複数の相手と同時に交流を持っても、それぞれに悟られないのが礼儀。

4 海を渡って婚活

【メリット】

1　個人差はあるが、アジア人は欧米人よりも十歳ほど年齢が低く見られる。
2　日本人女性は容姿も性格も評価が高い。
3　高学歴で高収入の日本人男性を探しやすい。
4　外国人と出会いやすい。
5　婚活と同時に旅も楽しめる。
6　外国生活を送るチャンスがある。

【デメリット】

1　コストがかかる。

2 日本人男性は現地在住者でないとチャンスは少ない。日本人男性は欧米の女性からの人気は低い。
3 外国人が相手の場合は、生活習慣の違いを覚悟しなくてはならない。
4 最初は遠距離恋愛を覚悟しなくてはならない。

【活動時のポイント】

1 できるだけ多くのマッチメイカーと会い、よく検討し、自分の性格と合う人に依頼する。
2 対面は人の目があるレストランやカフェで行う。すぐに相手の家には行かない。クルマに乗ってもいけない。
3 外国人に口説かれても、舞い上がらずに、冷静に対応する。
4 すぐに身体の関係を結ばない。
5 相手にははっきりと意思表示をする。

石神賢介　1962（昭和37）年生まれ。大学卒業後、雑誌・書籍の編集者を経てライターになる。人物ルポルタージュからスポーツ、音楽、文学まで幅広いジャンルを手がける。

Ⓢ新潮新書

430

婚活《こんかつ》したらすごかった

著　者　石《いし》神《がみ》賢《けん》介《すけ》

2011年8月20日　発行

発行者　佐　藤　隆　信

発行所　株式会社新潮社

〒162-8711　東京都新宿区矢来町71番地
編集部（03）3266-5430　読者係（03）3266-5111
http://www.shinchosha.co.jp

印刷所　株式会社光邦

製本所　株式会社植木製本所

ISBN978-4-10-610430-5 C0236